Milan Lajciak

Oriente e Ocidente: Manifestação de antigos paradigmas de pensamento nos tempos modernos

Milan Lajciak

Oriente e Ocidente: Manifestação de antigos paradigmas de pensamento nos tempos modernos

Herança de paisagens mentais antigas e do seu ADN

ScienciaScripts

Cover image: www.ingimage.com

This book is a translation from the original published under ISBN 978-620-2-01398-7.

Publisher:
Sciencia Scripts
is a trademark of
Dodo Books Indian Ocean Ltd. and OmniScriptum S.R.L publishing group

120 High Road, East Finchley, London, N2 9ED, United Kingdom
Str. Armeneasca 28/1, office 1, Chisinau MD-2012, Republic of Moldova, Europe
Printed at: see last page
ISBN: 978-620-7-68235-5

Conteúdo

Prefácio

A atualidade do estudo das sociedades modernas do Leste Asiático, dos seus fundamentos culturais e da manifestação dos paradigmas do pensamento antigo nos tempos modernos é acentuada pela ascensão da China e pela crescente gravidade económica do Leste Asiático. Neste contexto, a compreensão dos fundamentos culturais do Oriente confucionista é suficiente para justificar o estudo da manifestação da influência dos antigos paradigmas de pensamento nos tempos modernos.

[thst]Na segunda metade do século XX, a Ásia Oriental passou por uma revolução económica e, no século XXI, apresenta sintomas de mudanças sociais em rápido crescimento na região. É difícil obter uma explicação holística destes processos apenas de um ponto de vista económico e geopolítico óbvio. É necessário incorporar uma abordagem intercultural para discutir a filosofia, as visões do mundo e os valores fundamentais da Ásia Oriental, bem como as manifestações de inclinações de pensamento para compreender a dinâmica e as ambições desta parte do mundo.

A comparação geral entre a cultura da Ásia Oriental e a cultura ocidental inclui muitas disciplinas, como a filosofia, a psicologia, a arqueologia, a sociologia, a ciência política, a história, as estruturas económicas, as práticas comerciais, entre outras. Existe investigação suficiente sobre as várias escolas de filosofia da China antiga no que respeita às noções morais e à governação interna. Este estudo examinará os quadros e conceitos filosóficos clássicos da Ásia Oriental que contradizem o pensamento ocidental e as suas expressões em determinados contextos sociais, económicos e interestatais. O principal objetivo da investigação não é fazer uma comparação exaustiva entre as culturas confucionista e ocidental, mas examinar alguns aspectos importantes dos seus valores tradicionais e da sua manifestação nos tempos modernos, tentando obter respostas a questões como, por exemplo, quais as condições que levaram a diferentes fundamentos culturais do Oriente confucionista e do Ocidente, como se desenvolveram essas diferenças, quais são as principais incubadoras de pensamento, quais são os pontos comuns e as diferenças dos conceitos-chave, quais são as suas manifestações, qual é a ligação dos antigos paradigmas de pensamento aos tempos modernos e como a herança dos hábitos de pensamento influencia as mentes chinesas contemporâneas nos assuntos internos e externos.

As diferenças conceptuais têm raízes históricas e estão ligadas a fundamentos culturais e a quadros filosóficos. Manifestam-se em diferentes hierarquias de valores, em diferentes formas de interação humana com o meio envolvente, em conceitos divergentes de organização das relações humanas, em padrões específicos de governação e modelos económicos, em formas únicas de governação e de relações com o mundo exterior, para mencionar pelo menos algumas delas. Algumas diferenças entre o Ocidente e a Ásia Oriental são tão marcantes que podemos falar de uma "geografia diferente do pensamento". Os fundamentos culturais representam uma espécie de ADN do nosso comportamento pessoal e socioeconómico, a visão filosófica do mundo fornece os nossos quadros perceptivos naturais, as abordagens conceptuais servem de vectores comportamentais e os padrões de pensamento são as marcas intelectuais e sociais das nossas actividades. Os paradigmas de pensamento e os hábitos de pensamento estão enraizados em ambas as culturas a diferentes níveis e, nos países da Ásia Oriental com herança confucionista, a marca dos antigos modos de pensamento é ainda hoje muito forte.

A natureza do estudo está relacionada com o Oriente confucionista e traz muitas analogias com o Ocidente. "Oriente", "Leste" e "Ásia Oriental" são os termos utilizados neste documento num contexto específico e referem-se, de um ponto de vista cultural, a países afectados pelo confucionismo chinês, nomeadamente a China, o Japão, a Coreia, Hong Kong, Singapura, Taiwan, Vietname e, no que diz respeito aos aspectos empresariais, também a fortes comunidades chinesas no Sudeste Asiático. Por outras palavras, o Oriente é definido como um conjunto de sociedades e grupos sociais que partilham valores confucionistas. São designados por "Ásia confucionista" ou "Oriente confucionista". "Confucionismo" é um termo que designa a essência da tradição chinesa. É entendido no âmbito da atual filosofia chinesa e associado à pessoa de Confúcio (aproximadamente 551-479 a.C.) e aos seus seguidores - Mencius (aproximadamente 371-289 a.C.) e Xun Zi (aproximadamente 313230 a.C.). O confucionismo representa um código de ética, fomentando o culto cívico e escalando propriedades moralistas úteis para a governação do Estado e, juntamente com o taoísmo e o budismo, representa três ensinamentos básicos na história do pensamento chinês. Dentro deste "triângulo", o confucionismo e o taoísmo são sincréticos e altamente complementares. Para além disso, os termos "Ocidente" ou "Ocidental" referem-se às culturas europeias e norte-americanas que têm dominado a ordem internacional na história moderna desde a época da colonização. A sua orientação cultural baseia-se nos valores judaico-cristãos e na herança greco-romana.

Do ponto de vista metodológico, esta investigação justapõe horizontalmente os quadros filosóficos ocidentais e confucionistas que conduziram ambas as culturas a diferentes curvas de evolução da história. As abordagens "versus" contrastantes do Ocidente e do Oriente confucionista são iluminadas para uma melhor compreensão das principais diferenças entre as duas culturas, são feitas analogias e paralelismos para uma melhor perceção dos conceitos-chave e são adoptadas abordagens comparativas para realçar as principais diferenças entre as duas culturas. É dada ênfase às numerosas manifestações de diferentes paradigmas de pensamento na estrutura social, nos padrões de governação, nos modelos económicos e no domínio internacional. O estudo analisa a ligação entre os hábitos de pensamento antigos e a mente chinesa dos nossos tempos modernos.

A investigação está estruturada em seis capítulos. ***O primeiro capítulo***, "*Geografia do pensamento*", discute as abordagens filosóficas básicas do Ocidente e do Oriente confucionista, as incubadoras de pensamento e os principais quadros de relacionamento. ***O segundo capítulo aborda os*** legados confucionistas na dinâmica político-social da Ásia Oriental, os aspectos políticos do confucionismo, as suas instituições, as tentativas de revitalização do confucionismo político na era moderna, os canais de implementação dos valores confucionistas e os legados sociais na Ásia

Oriental atual. Este capítulo analisa as tendências de modernização e os vectores de mudança na região e, em especial, na Coreia do Sul, que é uma espécie de quebra-gelo na construção de uma nova mentalidade na Ásia Oriental. ***O terceiro capítulo*** é dedicado às economias da Ásia Oriental e à sua filosofia de sucesso. A tónica é colocada nas manifestações de construções sociais nas políticas económicas, na razão pela qual o milagre da industrialização da Ásia Oriental foi possível, na forma como os antigos padrões de pensamento da Ásia Oriental se manifestam nas práticas de mercado, nas semelhanças e diferenças das suas políticas económicas e nas principais características do ambiente de governação nos países da Ásia Oriental. ***O quarto capítulo*** analisa de perto o fenómeno específico dos chineses ultramarinos e a forma como, através dos grupos de migrantes chineses, nasceu e sobreviveu o capitalismo chinês. É dada atenção ao destaque dos fundamentos do capitalismo chinês, ao papel da confiança e à dimensão das unidades empresariais, à ligação familiar na cultura empresarial chinesa e aos padrões de organização das empresas chinesas. ***O quinto capítulo*** aborda a cultura empresarial da Coreia do Sul, um país com uma forte herança confucionista. Este tópico centra-se em vários pontos, como o papel dos "chaebols", as fontes da cultura empresarial coreana, as práticas de comunicação, os métodos de gestão, bem como os desafios nacionais e globais das empresas coreanas. ***O sexto capítulo*** é dedicado ao tema das relações internacionais e dos assuntos globais. [st]Este estudo vai desde o conceito antigo chinês e ocidental de lidar com o mundo exterior através da comparação de características comuns e divergentes da realpolitik e da arte da guerra até ao século XXI, iluminando a herança mental chinesa no mundo global atual, a ressonância da mentalidade e dos valores históricos da China nos tempos modernos e analisando o contexto das relações sino-americanas como um fator-chave da futura liderança global. ***O epílogo*** resume brevemente as principais conclusões do livro.

Este livro dirige-se a todos os leitores que se interessam pelas questões culturais e socioeconómicas da Ásia Oriental e que procuram abordagens críticas às realidades ocidentais e da Ásia Oriental do mundo atual através de um olhar cultural e filosófico.

O livro é uma compilação de seis artigos que foram publicados em várias revistas e apresentados em conferências internacionais durante 2016-2017. Foram actualizados e ajustados para efeitos de publicação deste livro.

Sobre o autor

Milan Lajciak é de nacionalidade eslovaca, licenciou-se no Instituto Estatal de Relações Internacionais de Moscovo, URSS (1984) e, em 1985, obteve por nostrificação o título de Doutor em Direito da Faculdade de Direito da Universidade Carlos de Praga. O seu estudo principal foi a ciência política, com especialização na China e na região da Ásia Oriental. Domina as línguas chinesa, russa e inglesa. Milan Lajciak passou mais de 22 anos no serviço diplomático da antiga Checoslováquia e, após a divisão do país em 1993, no serviço diplomático eslovaco na China, Indonésia, Malásia e República da Coreia, com acreditação em Timor-Leste, Singapura, Brunei Darussalam e RPDC. No âmbito da sua carreira profissional, Milan Lajciak desempenhou durante dois anos o cargo de conselheiro externo dos Presidentes eslovacos Rudolf Schuster e Ivan Gasparovic (2003-5), bem como um ano como membro do Comité Científico da Fundação M. Gorbacov "Fórum Político Mundial" (2004). Desde 2014, Milan Lajciak exerce as funções de Embaixador da Eslováquia na República da Coreia, com acreditação na RPDC. É autor de numerosos artigos sobre a política interna e externa da Ásia Oriental. Atualmente, está a realizar um programa de doutoramento na Faculdade de Relações Internacionais da Universidade de Economia de Bratislava.

Part I

O Oriente e o Ocidente confuciano: diferentes geografias do pensamento
Como olhamos para o mundo de diferentes ângulos

Introdução ao tema

Embora a atual globalização elimine e esbata as diferenças entre culturas antigas, as especificidades culturais historicamente enraizadas, as preferências de pensamento e a hierarquia divergente de valores desempenham um papel importante na abordagem à resolução dos problemas do nosso tempo. Este facto é particularmente evidente na comparação entre o mundo ocidental e a Ásia Oriental.

A Ásia Oriental não é apenas uma região no mapa, mas é também uma entidade cultural distinta. Pode ter várias definições culturais, como "cultura do pauzinho", "cultura do arroz molhado", "cultura hanzi", mas a mais adequada é "cultura confucionista", porque a ética confucionista serve de sistema de valores para todo o mundo da Ásia Oriental. Muitas coisas funcionam de forma diferente nesta região em comparação com o Ocidente. Para compreender os principais vectores de mudança nas sociedades modernas da Ásia Oriental, é necessário começar pela génese dos fundamentos culturais, dos padrões de pensamento e das inclinações de pensamento.

As diferenças entre o Ocidente e o Oriente confucionista nos quadros filosóficos, nas visões do mundo e nas abordagens conceptuais básicas das relações homem-natureza e homem-homem, nos modelos de governação, na construção social, nos padrões das actividades económicas e das relações entre Estados são tão grandes que podemos falar de uma geografia diferente do pensamento. Isto reflecte-se não só nas posições individuais, mas também nas abordagens sistémicas que são uma espécie de forma de identificação da sua consciência colectiva. Nalguns casos, estas percepções e abordagens são contraditórias e podem ser comparadas pelo método do "versus". Isto inclui tópicos como individualidade versus comunidade, soluções holísticas versus soluções reducionistas, ordem social versus revolta, responsabilidades versus direitos, pragmatismo versus crenças ontológicas, perceção conflituosa versus complementar do mundo e outros conceitos. Através da metodologia de comparação "versus" dos principais conceitos orientais e ocidentais, o estudo procura contribuir para uma melhor compreensão dos antecedentes filosóficos de dois hemisférios culturais diferentes.

1. Condições naturais

O desenvolvimento da cultura primitiva depende fortemente do ambiente físico, como o clima, a fauna, a flora, os recursos hídricos e a topografia.

Algumas das principais características contrastantes entre o Oriente e o Ocidente remontam ao período de 10 000 - 9 000 anos a.C., o fim da época geológica do Pleistoceno, comummente designada por "Idade do Gelo", quando o degelo dos espessos glaciares que atravessavam os continentes teve muitas implicações drásticas. O fim da Idade do Gelo foi seguido pelo período entre 8.000 e 15.000 anos a.C., com violentas flutuações do clima, com mudanças bruscas de temperatura que se verificaram com extinções de muitas espécies de animais.

As glaciações tiveram um impacto muito maior na Europa do que na China. Enquanto a China estava situada numa latitude baixa e média (20-45 graus norte), com abundância de fauna e flora, a Europa, com a sua latitude relativamente elevada (40-60 graus norte), esteve coberta por camadas de gelo durante toda a Idade do Gelo. Na Europa, uma grande parte do continente, desde a Escandinávia até ao norte da Grã-Bretanha, Alemanha, Polónia e parte noroeste da Rússia, foi coberta por camadas de gelo e, consequentemente, muitas espécies afastaram-se ou morreram. A China não foi coberta por camadas de gelo durante a Idade do Gelo, com exceção dos picos de certas zonas de alta montanha.[1] Foi por esta razão que o impacto da Idade do Gelo na fauna e na flora (extinção do Pleistoceno) foi um acontecimento de muito maior importância na Europa do que na China.

O fim da Idade do Gelo coincide com um período importante da evolução humana, entre outros, com a formação das culturas ocidental e chinesa. A "fuga" da China do impacto do gelo foi profunda. As principais diferenças ambientais entre as duas culturas, a topografia diversificada e o clima variado fizeram da China um lugar rico e colorido em fauna e flora, com grande diversidade de animais e plantas. Este facto contrasta com o continente europeu, onde a falta de espécies animais é talvez um dos factores mais significativos que afectou o desenvolvimento das actividades e modos de pensar dos nossos antepassados europeus caçadores-recolectores.

Tanto para os antepassados chineses como para os ocidentais, o instinto de sobrevivência baseava-se numa resposta adequada às condições ambientais locais, pelo que a existência de ambientes diferentes conduziu a processos de pensamento adaptativos diferentes. As diferentes condições naturais começaram a formar diferentes modos de relacionamento com a natureza, a família, a comunidade e diferentes padrões de comportamento e de vida nessas regiões relevantes.

O conhecimento é normalmente adquirido através de observações repetitivas e da acumulação de experiência. Os europeus tornaram-se caçadores de animais de grande porte, desenvolvendo competências sociais para actuarem eficazmente em grupo e partilharem os frutos do seu trabalho. A preocupação com a caça de animais de grande porte exigia tácticas e estratégias planeadas e conduzia a um pensamento racional e analítico. Os pormenores vívidos dos animais pintados nas grutas demonstram claramente essas qualidades. Este foi o precursor do desenvolvimento do fascínio dos gregos pela linha, pela forma, pela geometria e pelas expressões intelectuais.

Os chineses, por outro lado, tornaram-se observadores atentos da natureza, diferenciando, categorizando e caracterizando actividades, observando as estações do ano, os ciclos climáticos, cultivando plantas domésticas, classificando a natureza como orientada para a agricultura. Isto desenvolveu a sua mente orientada para o pragmatismo, com atitudes práticas e utilitárias e olhando para os objectos em termos de utilidade e aplicação. O interesse dos chineses centrava-se demasiado nas necessidades práticas humanas e nas prioridades da vida quotidiana, para ser abstrato

---

1 Tai P. Ng, Ph.D: Cultura Chinesa, Cultura Ocidental, Porque devemos aprender uns com os outros? p.45

e religioso.

O confinamento geográfico foi outro fator importante. A cultura chinesa desenvolveu-se essencialmente de forma isolada, a milhares de quilómetros dos dois berços da civilização ocidental. Vastas distâncias e terrenos difíceis separavam a China do Ocidente e essa situação manteve-se até à abertura da Rota da Seda, há dois mil anos. Esta situação contrastava fortemente com o desenvolvimento da civilização antiga em torno do Mediterrâneo, onde a comunicação aberta e o intercâmbio cultural eram comuns. [2]

2. Incubadoras de pensamento e inclinações de pensamento

David Hall e Roger Ames, grandes sinólogos que justapuseram as culturas chinesa e ocidental, observaram que os gregos antigos colocavam questões sobre o próprio pensamento. Faziam perguntas sobre "o quê", procurando respostas sobre de que é feito o mundo. Por outro lado, os pensadores chineses faziam perguntas sobre "onde", procurando o "Caminho" para acomodar as relações harmoniosamente com as leis naturais. O contraste entre os "buscadores da verdade" ocidentais e os "buscadores do caminho" chineses é significativo.

2.1. A cultura grega dos "buscadores da verdade" e do "debate público

O pensamento ocidental nasceu na incubadora do pensamento grego.[3] Os gregos procuravam a verdade através do conhecimento explícito. Reflectiam profundamente sobre o próprio pensamento e ponderavam sobre as questões "o quê" - o que é a verdade, o que é real ou simplesmente o que é. A própria tradição do debate actuava como um instituto fundamental. As atitudes críticas em relação às autoridades eram comuns, a lealdade dos alunos para com o professor permanecia apenas enquanto a sua reputação durasse. Os desacordos abertos e o questionamento das autoridades de ensino eram uma prática comum. A reputação era obtida através da argumentação com os rivais e não através da posição na administração.

Os primeiros gregos rejeitaram a experiência empírica de carácter não casual, o modo de pensar não racional e reconheceram nada menos do que racional, analítico, lógico e explícito. A questão central dos filósofos gregos era encontrar a durabilidade e a estabilidade (a unidade, o ser, o todo) que eram necessárias para a compreensão do universo com as suas mudanças sempre contínuas (pluralidade, nascimento e fim dos casos).

Existe um forte aspeto ontológico no pensamento ocidental. Os gregos, com a sua perseverança e insistência na procura da verdade através de procedimentos lógicos, adoptaram o dualismo idealista como uma importante filosofia de vida e religião que durou milhares de anos sob várias formas. Como resultado, as abordagens e preferências ocidentais tornaram-se mais abstractas, teóricas, atómicas, racionais, procurando a substância das coisas. Foi só depois do Iluminismo que se abriram

---

2 Tai P. Ng, Ph.D: Cultura Chinesa, Cultura Ocidental, Porque é que devemos aprender uns com os outros? p. 35

3 G.E.R.Lloyd: Two types of argumentation in early Greek thought, p. 1

perspectivas de pensamento mais inclusivas. Mesmo assim, o pensamento dualista continuou a afetar as atitudes ocidentais.

Em termos de abordagem metodológica, o pensamento ocidental é analítico, com procedimentos reducionistas inerentes e análises anatómicas dos elementos. Para compreender o todo através dos seus componentes, a mente grega baseava-se exclusivamente em procedimentos lógicos. Neste contexto, a humanidade deve estar muito grata aos primeiros gregos pelo seu imenso contributo no domínio da matemática, da ciência, da filosofia e da ciência política.

O Império Romano deu continuidade à civilização grega e desenvolveu ainda mais as artes, a literatura e a filosofia gregas, adaptou o sistema ético judaico, a nova religião cristã, absorveu a astronomia e a astrologia de Babel, os elementos culturais da Pérsia, do Egipto e de outras civilizações orientais. Os romanos criaram a síntese greco-romana, uma rica mistura de elementos culturais que formou uma tradição ocidental de dois milénios.

2.2. Os "buscadores de caminhos" chineses e a cultura de "conservação

O quadro institucional que deu origem ao pensamento chinês era completamente diferente. Na China, a autoridade de Confúcio era aceite como um axioma, um cânone e uma verdade eterna que não podia ser posta em causa. O prestígio dos clássicos confucianos era enorme. A autoridade não era alcançada através da instituição da discussão pública, como na Grécia antiga, mas pela posição na máquina administrativa, na qual o académico era posicionado com base nos resultados dos exames estatais. Estes baseavam-se na capacidade de reproduzir e interpretar os textos confucionistas sem pensar para além do seu conteúdo. Neste contexto, a educação era a questão da conservação, interpretação e apreciação dos cânones clássicos e o caminho para as fileiras dos administradores bem pagos[4] e não o instrumento do conhecimento em si mesmo.

Os chineses há muito que aceitaram o facto de que a única constante no mundo é a mudança. Para eles, esta era a realidade aparente e procuravam a forma de se adaptarem a este fenómeno. Não estavam preocupados com o objetivo de fornecer relatos racionais da realidade e não se interrogavam sobre "qual" é a essência do mundo. Colocavam questões de "onde", procurando o Caminho (*Dao*) da harmonia com a Natureza e no seio da sociedade. Para eles, a realidade era um conceito baseado numa observação concreta e o conhecimento empírico era uma espécie de saber-fazer experimental. Não há imperativos ontológicos na mente chinesa. Os pensadores chineses não se apercebiam de nenhum "Ser" ou "Um" por detrás da realidade. Não tinham necessidade da ideia de Deus. Os chineses eram demasiado práticos e estavam demasiado envolvidos na vida quotidiana para serem religiosos. Para eles, existia apenas uma regularidade processual em constante mudança. É por isso que a mente chinesa não tem tendência para teorizar e tenta evitar conceitos abstractos.

---

4 G.E.R.Lloyd: The Ambitiouns of Curiosity, Understanding the World in Ancient Greece and China, p. 133-135

O pensamento chinês é holístico, presta mais atenção ao contexto, às ligações e à coerência. É propenso a ver as coisas contextualmente e através de olhos mais feministas do que musculados. O "todo" é para eles mais do que um simples resumo dos seus componentes. Mostram uma atitude abrangente e um pensamento correlativo (raciocínio circular) em contraste com o pensamento casual dos ocidentais (argumentação lógica). O pensamento correlativo não utiliza princípios lógicos para orientar a dedução, a indução ou a análise aprofundada, mas recorre a analogias e metáforas para realçar as semelhanças entre os elementos em observação. Com base neste facto, a abordagem chinesa tende mais para soluções práticas e pragmáticas e apresenta muitos aspectos intuitivos.

O pensamento chinês manifesta tolerância em relação às contradições e aos conflitos e, ao contrário da maioria das escolas filosóficas ocidentais, não encara os "opostos" como conflituosos, mas antes como variáveis complementares mutuamente condicionadas, ambas necessárias à harmonia do universo. Esta atitude manifesta-se em numerosas situações da vida prática em que os chineses procuram integridade e soluções em que dois opostos possam coexistir em simbiose e harmonia.

3. Conceitos-chave das interacções

Os diferentes padrões de pensamento entre o Ocidente e o Oriente confucionista resultam de abordagens filosóficas básicas divergentes da relação do homem com o ambiente/natureza e da relação do homem com as outras pessoas. Estas diferenças manifestam-se numa variedade de conceitos contraditórios, tais como a abordagem holística versus reducionista, a perceção dos opostos de forma conflituosa versus complementar, a consciência versus a proteção da face, a abordagem comunitária versus individualista, a ordem social versus a revolta social, o Estado de direito versus a relação de parentesco nos assuntos públicos, as obrigações das pessoas versus os direitos das pessoas, a perceção de contexto elevado versus a perceção de contexto baixo, bem como o papel diferente da confiança, da justiça e da harmonia nos esquemas de governo da sociedade e alguns outros princípios diferenciadores. Na esfera social, a insistência confucionista na importância da harmonia social em vez da destruição criativa e da relação humana em vez do individualismo parece estar a opor-se dramaticamente à orientação ocidental para os valores[5] .

Conceitos divergentes, em comparação com o Ocidente, tiveram impacto no tecido das sociedades da Ásia Oriental e resultaram em diferentes modelos de organização da sociedade e valores comportamentais.

3.1. Relação Homem - Natureza

A cultura ocidental, na busca de respostas para a questão mais fundamental da existência humana e da relação entre o homem e a natureza, enfatizou o conceito de "separação" da mente e do corpo, resultando numa separação do homem da natureza. A visão tradicional ocidental da natureza humana foi fortemente influenciada pela religião. O navio de guerra ocidental do espírito não prestou atenção crítica suficiente à interpretação da natureza humana e só o período pós-iluminista trouxe mudanças.

---

5 Tu Wei-mng (2000): Implications of the Rise of "Confucian" East Asia. *Daedalus* 129: 195-218. P.

Em contrapartida, o Oriente considerava o homem como um todo, como um microcosmo encarnado do universo, uma parte da natureza, em vez de um ser espiritual. O fundamental era o esforço para a harmonia das relações na natureza, bem como na sociedade. É por isso que a relação entre o homem e a natureza foi conceptualizada por "Tao" - "O Caminho". O Tao desempenha um papel semelhante ao dos Deuses do Ocidente no sentido da relação entre o homem e a natureza, mas o Oriente centrou-se na questão da natureza humana em vez das questões ontológicas.

A harmonia no conceito de Tao pode ser melhor explicada pelo princípio da polaridade "*Yin - Yang*", que explica dois pólos opostos como dois factores complementares, representando todos os movimentos da natureza. A cultura ocidental, ao contrário da oriental, caracteriza a polaridade não como dois factores complementares, mas como dois factores opostos e separados, conflituosos e não comprometedores. Esta visão da realidade influenciou grandemente a concetualização chinesa dos valores e determinou a abordagem de muitos aspectos da vida, incluindo as instituições sociais. Este facto torna a visão do mundo confucionista mais orgânica, interligada e harmoniosa, preferindo a ética das relações sociais. A mente chinesa era demasiado prática para ser religiosa e abstrata, demasiado pragmática em vez de procurar fenómenos sobrenaturais e espiritualidade. O homem é considerado simplesmente como uma parte integrante da natureza.

Em contraste com o Oriente, as questões ontológicas transcendentes no pensamento ocidental estendem-se ao longo de quase toda a história ocidental e as questões da criação do universo e da procura do "Criador" da natureza foram formalizadas na instituição da religião.

Se compararmos a diferença entre as abordagens do Oriente e do Ocidente no que diz respeito ao quadro filosófico básico homem-natureza, a caraterística distintiva é que o Tao é um conceito de harmonização do homem e da natureza, enquanto Deus está acima da natureza e, por essa razão, num certo sentido, separa os seres humanos da natureza. A perceção destas diferenças entre o Oriente e o Ocidente é de extrema importância para a organização das relações na sociedade civil, tanto na cultura chinesa como na ocidental.

3.2. Relações Homem - Homem

As relações do povo confucionista são totalmente diferentes das do mundo ocidental. O Oriente procura incutir a ética nas relações humanas para a manutenção da ordem na sociedade sem qualquer instituição de um ser sobrenatural e sem religião. Por outro lado, o Ocidente e o cristianismo, com o conceito da lei de Deus e a fé na vida após a morte, trazem para a civilização ocidental o carácter teológico. [6]

A peça central do conceito de relações humanas do Oriente é o papel da ética na sociedade chinesa. A base da ética é a integridade moral de cada pessoa, incluindo o governante do país. O apelo ao conceito de moralidade e ao comportamento dos deveres de cada indivíduo nos laços sociais verticalmente hierárquicos é um elemento de controlo da gestão dos assuntos públicos. Isto fornece a chave para compreender

6 Y.J.Choi: East and West: Confucionismo e Cristianismo, p. 31

os grandes objectivos do confucionismo, as relações entre as pessoas, entre os indivíduos e as famílias, bem como entre o indivíduo e a sociedade. Cada uma destas relações imita o Regulamento do Universo.

A unidade básica da antiga sociedade chinesa, em contraste com o Ocidente, era a família, e não o indivíduo. A família é o aspeto mais importante da vida de uma pessoa no Oriente, o fundamento da sua identidade, da sua moralidade e a fonte do sentido da vida. As "Seis Relações" ideais de Confúcio (governante/súbdito, pais/filhos, marido/esposa, irmão mais velho/mais novo, professor/aluno e entre amigos) são consideradas a base de todas as ligações sociais. Três das seis encontram-se no seio da família, o que constitui uma espécie de testemunho da importância da família na sociedade confucionista.

No mundo confucionista, a sociedade e o Estado são concebidos como uma extensão da família. A governação do Estado segue este modelo - o líder funciona como o pai, o chefe da família, e todos os cidadãos como seus filhos.

A supressão dos interesses individuais em prol do interesse do grupo é a ética moral natural do confucionismo. Os chineses não entendem a ênfase das liberdades individuais, entendem antes de mais o interesse que exige uma unidade funcional, à qual tudo deve estar subordinado. A sociedade é vista como uma analogia do corpo humano. Isto só funciona se cada órgão do corpo humano desempenhar corretamente as suas funções. Quando os órgãos do corpo começam a funcionar sem controlo (analogia da expressão da liberdade individual), o corpo humano como um todo entra em colapso. Por isso, o primeiro e principal dever na sociedade confucionista é harmonizar as relações através da implementação das obrigações de todos os indivíduos e grupos dentro das relações hierárquicas estabelecidas. Os interesses dos indivíduos não têm lugar nessa sociedade, apenas os interesses dos grupos e das unidades superiores.

Esta é a essência dos princípios éticos do confucionismo. Por conseguinte, o conceito de direitos humanos individuais na sociedade chinesa é considerado pelos chineses como um elemento estrangeiro, "importado" do Ocidente e, apesar da modernização gradual da China, ainda se considera que "não se enquadra" na chamada tradição confucionista.

4. Papel da ética no Oriente, papel da consciência no Ocidente

O código de ética na sociedade confucionista era o fator determinante e a adesão aos rituais prescritos cumpria, a este respeito, uma função importante. A sociedade representa um conjunto de regras e expectativas de comportamento de cada sujeito de acordo com as regras estabelecidas. Quem se desviasse deste modelo prescrito de interação social, perdia a face perante os outros. A sociedade confucionista pode, por isso, ser descrita como "uma cultura de salvar a face" ou como uma "cultura da vergonha", porque a pressão geral da sociedade para que o indivíduo cumprisse o Código de Ética era tão grande que o facto de não o respeitar equivalia a uma vergonha.

O Ocidente, cujos valores civilizacionais se baseiam nas tradições judaico-cristãs, foi construindo, a longo prazo, instituições espirituais e, no seu âmbito, a "cultura da consciência" baseada em abordagens espirituais. Os códigos morais e éticos da sociedade baseavam-se na responsabilidade da conduta perante Deus, cujos olhos controlam e vêem tudo. Esta abordagem era uma espécie de apelo à observância da moralidade perante o Criador Supremo, que acabaria por julgar as acções humanas, em vez de um apelo ao respeito pelo código moral medido pelos outros membros da sociedade. Não há vergonha perante os outros, mas a consciência perante Deus tornou-se um fator determinante no comportamento do indivíduo e a religião tornou-se uma instituição que tinha de cultivar e guardar a relação deste homem com Deus. Independentemente do facto de o indivíduo humano aparecer na situação sozinho ou observado pelos olhos dos outros, esta abordagem espiritual pregava que o homem apelasse sempre à sua consciência e lhe perguntasse quais as acções correctas e quais as más, o que podia fazer e o que não podia. A sua consciência, como mão de Deus, é tomada como um instrumento de comunicação com um Deus invisível a quem o homem deve confessar os seus actos.

A história mostra que, apesar destes conceitos morais proclamados pelo Oriente e pelo Ocidente, os seus ideais passaram por períodos de profunda crise e ambas as culturas resvalaram para escalas de deformação na implementação dos seus ideais. Apesar destas discrepâncias, no entanto, as preferências de pensamento de ambas as culturas resultaram em trajectórias culturais cardinalmente diferentes. A essência da diferença no que respeita às liberdades individuais reside no facto de a sociedade chinesa, em geral, enfatizar as obrigações dos indivíduos, enquanto o Ocidente enfatiza as liberdades e os direitos individuais. A cultura ocidental procurava um aspeto dicotómico da natureza, da sociedade, do mundo material e espiritual, enquanto a cultura oriental procurava a coexistência, a integridade, a unidade, a harmonia e a conetividade.

A mente oriental, através da observação dos elementos existentes no mundo, procurava o modelo ideal no passado e não no futuro, o que encontrou a sua manifestação, por exemplo e entre outros, também na arte da arquitetura através da imitação da "perfeição do passado".

Isto contrastava com a cultura ocidental, que se baseava em inovações e era acompanhada de muitas convulsões e revoluções sociais que se tornaram a força motriz do progresso social das sociedades ocidentais.

5. Diferentes "produtos" de homo-orientação

A Europa e a China desenvolveram as suas civilizações durante séculos em ambientes diferentes e isolados um do outro. A cultura europeia era altamente interactiva com as regiões vizinhas, enriquecendo-se mutuamente, enquanto a cultura chinesa dominava a região e influenciava com os seus fundamentos culturais todos os países da Ásia Oriental.[7]

As influências divergentes das tradições culturais da Europa e da Ásia Oriental

7 Tai P. Ng, PhD: Cultura Chinesa, Cultura Ocidental, Porque é que temos de aprender uns com os outros?, p. 14

conduziram a diferenças profundas na forma como as pessoas pensam o mundo.[8] Ambos os hemisférios culturais produziram gradualmente, ao longo da história, dois "homo-produtos" diferentes e princípios diferentes de gestão social.

As culturas ocidentais têm estado fortemente ligadas aos aspectos ontológicos do pensamento e da gestão da sociedade, apelando aos aspectos espirituais através de formas religiosas. As culturas confucionistas centraram-se nas disposições políticas da sociedade através da ética e das normas. Tendo em conta os conceitos contraditórios, bem como os aspectos práticos distintos, é possível concordar com o Prof. Y.J.Choi, que argumenta no seu livro *East and West: Man vs Spirit,* que a sociedade confucionista produziu uma comunidade de *Homo-Ethico- Politicus* com o legado de uma sociedade orientada para as relações e a regra da "etocracia", enquanto as sociedades ocidentais produziram uma comunidade de *Homo-Spiritus-Religiosus* com o legado de uma estrutura social orientada para o individualismo e a "regra da lei".[9] Estas analogias concisas reflectem a herança filosófica e sociopolítica de ambos os hemisférios culturais nas actuais sociedades modernas ocidentais e da Ásia Oriental.

6. Implicações das diferentes "geografias do pensamento" no mundo atual

6.1. Implicações do progresso social (harmonia versus revolta)

Esta questão será analisada em pormenor na Parte II. No que diz respeito à espiral evolutiva social, é necessário notar as diferentes tradições de ênfase no fenómeno da liberdade e da harmonia entre o Oriente e o Ocidente, que acabaram por ter impacto na estabilidade da sociedade e nos processos de movimentos sociais. As diferenças entre as duas culturas poderiam ser rotuladas como uma tese de "harmonia versus revolta".

As revoluções são uma espécie de antítese da harmonia.[10] Substituem o velho mundo por novas ordens e novas elites. O Ocidente passou na sua história por uma série de dolorosas mudanças sociais revolucionárias que destruíram a velha ordem social e trouxeram novos progressos através da "destruição criativa". A harmonia como padrão fixo a longo prazo é vista como uma espécie de risco específico no desenvolvimento social, porque limita a criação de coisas novas e o progresso social global.

A cultura confucionista, em contraste com o conceito ocidental, centrava-se na ordem harmoniosa da sociedade, preferindo a estabilidade às mudanças sociais, o que representa o cerne dos seus interesses sociais. A história dos países confucionistas mostra que as sociedades confucionistas, embora tenham vivido guerras e revoltas, raramente passaram por mudanças socioeconómicas sistemáticas e revolucionárias. O sistema foi fortemente conservado através de um mecanismo de relações

8 Yao, Xinzhong (1999): Confucionismo e seus valores modernos: Confucian Moral, Educational and Spiritual Heritages Revisited. *Journal of Beliefs and Values: Estudos em Religião e Educação* 2013: 300-340. P.315.

9 Y.J.Choi: Oriente e Ocidente: Man vs Spirit, p. 114

10 Wayne Cristaudo, Heung Wab Wong, Sun Youzhong: Ordem e revolta, p. 7

harmonizadas que quase não permitiu qualquer movimento social em termos de remoção do sistema antigo e da sua substituição por uma nova estrutura de relações sociais.

Em termos de valores socioeconómicos, o Ocidente transferiu-se gradualmente para a construção das suas sociedades "baseadas na lei", enquanto o Oriente manteve os valores confucionistas formais, com uma gestão social basicamente "baseada nas relações". [11] As sociedades orientais criaram uma estrutura vertical de governação com ênfase nas obrigações dos indivíduos, enquanto as sociedades ocidentais, por outro lado, começaram, numa determinada fase evolutiva, a promover a igualdade horizontal dos indivíduos com ênfase na proteção dos direitos individuais, incluindo os económicos.

Estes conceitos determinaram significativamente a escolha dos mecanismos de governo, os instrumentos de manutenção da estabilidade social, mas também as formas de desenvolvimento económico, a formação e a evolução do mercado, o custo da atividade empresarial e uma série de fenómenos de desenvolvimento importantes, como o papel da sociedade civil, o fator confiança, a dimensão das unidades empresariais, as preferências pela investigação de base ou aplicada, a transferência de conhecimentos científicos e afins.

6.2. Implicações da cultura empresarial (formalismo versus simplicidade)

Este tópico será discutido num contexto mais alargado na Parte V. No que diz respeito ao formalismo e à hierarquia como características empresariais do conceito confucionista na Ásia Oriental, podemos encontrar uma manifestação exemplar deste fenómeno na sociedade sul-coreana.

Em todas as áreas da sociedade sul-coreana, incluindo a comunidade empresarial, existe uma forte hierarquia, um formalismo austero, a progressão na carreira só é possível com o aumento da idade, a interação entre as pessoas evita mostrar atitudes diretamente negativas, a subordinação rigorosa está presente em todos os níveis sociais e, na maioria dos casos, a responsabilidade está associada a decisões colectivas.

A cultura empresarial coreana difere das abordagens empresariais ocidentais desde o primeiro momento de interação. Os coreanos tendem a identificar-se como membros do grupo e, desde o início, esforçam-se por encontrar pontos de contacto (parentesco, escola, cidade natal, universidade). Constroem a sua identidade tipicamente em relação a pessoas com quem têm laços estreitos e tendem a preocupar-se quando se sentem isolados. Isto contrasta fortemente com os empresários ocidentais, para quem a individualidade desempenha um papel importante na construção da sua identidade.[12]

O orgulho é muitas vezes uma questão de perceção das próprias pessoas, mas "salvar

---

11 Shaomin Li: "Cheques juntos ou separados?" Porque é que o Oriente e o Ocidente conduzem os negócios de formas diferentes, p.12-13

12 Seoil Chaiy: Doing Business with Koreans, p. 21

a face", no conceito confucionista, tem tudo a ver com a forma como os outros percepcionam essa pessoa. Provavelmente, não há ninguém no mundo que não tente proteger o seu orgulho, mas os coreanos consideram o orgulho e a preservação da sua imagem extremamente importantes.[13] A este respeito, mantêm uma certa distância social também na interação comercial, uma caraterística típica da cultura comercial confucionista que o Ocidente por vezes confunde com a frieza da pessoa.

Um dos traços distintivos dos coreanos é a sua capacidade de se unirem e de fazerem sacrifícios privados em benefício do país. A vitalidade coreana da unidade e do trabalho conjunto é única quando comparada com muitas nações avançadas que favorecem o individualismo e este tipo de coesão reflecte-se especialmente em tempos de crise. Os coreanos, por exemplo, foram capazes de efetuar recolhas individuais de ouro para ajudar o país a pagar a dívida e a resgatar as medidas restritivas do FMI no ano de 1988. Funcionários de empresas, em caso de dificuldades financeiras da empresa, chegam a devolver seus salários para contribuir com a revitalização da empresa. Nestes casos, os coreanos colocam o Estado/país ao nível da sua família e encaram-no como um objetivo comum. Trata-se de uma abordagem profissional e empresarial muito diferente da das empresas ocidentais.

6.3. Implicações para os assuntos mundiais (choque versus coexistência de civilizações)

A herança confucionista de conceitos com o mundo exterior será discutida com enfoque na China e nas relações sino-americanas na Parte VI. Além disso, na Parte II, serão analisados os trabalhos de S. Huntington e F. Fukuyama no que respeita aos processos democráticos na região da Ásia Oriental.

Deixando uma observação mais pormenorizada da "teoria do choque de civilizações" para as partes seguintes do livro, é necessário notar que a história da humanidade, tanto no passado como nos últimos anos, registou bastantes casos de confrontos causados por diferenças culturais ou religiosas entre Estados, nações ou regiões. A teoria do choque de civilizações reflecte algumas tendências do mundo atual, mas dificilmente se adequa à perspetiva futura da humanidade. Em vez disso, a "coexistência de civilizações e culturas" parece ser a única saída para a sociedade humana e o objetivo futuro pelo qual nos devemos esforçar.

Talvez uma imagem mais clara da nossa época possa ser construída com base na ideia da "Nova Idade Axial" (idade pivô), proposta pelo filósofo alemão Karl Jaspers (1883 - 1969). Segundo esta teoria, por volta de 500 a.C., grandes pensadores surgiram quase simultaneamente na Grécia Antiga, em Israel, na Índia e na China e contribuíram com as suas ideias originais para a solução dos problemas que preocupam a humanidade. Formaram-se então culturas distintas que, após mais de 2000 anos de progresso, se tornaram a parte principal da riqueza intelectual humana. Até hoje, a humanidade viveu do que aconteceu durante o Período Axial, do que foi pensado e criado durante esse período. [14]

---

13 Seoil Chaiy: Doing Business with Koreans, p. 56

14 Karl Jaspers: A Origem e o Objetivo da História, p. 7

A julgar por certas evidências, podemos concluir que, em certo sentido, o atual desenvolvimento do multiculturalismo mundial pode tornar-se um novo salto em frente. Entrámos na Era da Informação e estamos perante a Quarta Revolução Industrial, altura em que está a ocorrer um grande salto em frente na sociedade humana. Devido à globalização económica, à integração da ciência e da tecnologia e ao progresso da rede de informação, as diferentes regiões do mundo estão estreitamente ligadas e o progresso cultural local já não pode ser independente, como era o caso na Era Axial, há 2000 anos. Em vez disso, desenvolver-se-ão no meio de discórdias, conflitos e através de influências mútuas ou, em certos casos, até mesmo de absorções mútuas.[15] Atualmente, a sociedade humana encontra-se num ponto de viragem histórico e cada nação ou país deveria reexaminar seriamente a sua própria cultura numa perspetiva histórica. A tradição cultural é uma realidade de facto para cada nação ou Estado, especialmente para aquelas nações e Estados com uma longa história. A tradição cultural tem uma influência crucial na sociedade humana contemporânea, pois está profundamente enraizada nos corações do seu povo, formando um suporte espiritual dessa nação ou Estado em particular.

Diferentes tradições culturais subsistiriam nesta Nova Era Axial. Algumas representam sistemas e valores culturais com uma população demasiado grande para ser eliminada e, portanto, a longo prazo, a coexistência de civilizações é previsível. Para atingir este objetivo é preciso ter algum auto-conhecimento. A auto-compreensão de cada cultura é, sem dúvida, limitada e os estudos transculturais são necessários para nos dar uma visão mais abrangente da nossa própria cultura e das outras.

Conclusão

Em alguns países ocidentais, continua a haver uma falta de sensibilização do público para o sistema confucionista, bem como para as implicações dos quadros conceptuais orientais e dos valores confucionistas nos actuais países da Ásia Oriental. Factores históricos e linguísticos fizeram com que a cultura chinesa, que deu origem ao sistema de governação confucionista, fosse uma das culturas mais mal compreendidas e, por vezes, até completamente incompreendidas no Ocidente. Estas questões pertencem a um grupo de temas sociais importantes que se tornam mais evidentes no processo de globalização e que se reflectem nas posições sobre as relações internacionais, nos aspectos básicos da governação e nas percepções da democracia e dos atributos dos direitos e liberdades individuais.

Embora a comparação de valores sistemáticos entre o Oriente e o Ocidente enfrente uma série de problemas de comunicação intercultural, incluindo a articulação de termos e conceitos que não têm equivalente noutra cultura, este processo de comparação, no entanto, enriquece a nossa visão do mundo com novas dimensões e promove o conhecimento necessário de quão qualitativamente relevante e importante é perceber as questões contrastantes entre o Oriente e o Ocidente para resolver os problemas reais do mundo de hoje. A comparação de valores sistemáticos de

15 Yijie Tang: Confucionismo, Budismo, Daoismo, Cristianismo e Cultura Chinesa, p. 297

diferentes culturas ensina-nos simultaneamente a compreender melhor que os padrões de pensamento e as inclinações há muito enraizados nas nossas mentes são uma parte essencial da identificação cultural e que, apesar das tendências actuais de modernização e globalização, continuam a estar enraizados nos nossos tempos modernos.

A utilidade da abordagem comparativa das culturas ocidental e confucionista oriental reveste-se de particular importância quando se trata de enfrentar os desafios globais, em que o Oriente e o Ocidente precisam um do outro, nas relações inter-regionais em que ambas as partes precisam de perceber os antecedentes da outra e, acima de tudo, no conhecimento de que o mundo não é plano, mas variado, diversificado e que, na construção das nossas sociedades modernas, podemos aprender mutuamente com a sabedoria e a experiência acumuladas ao longo de milénios. Na abordagem dos problemas actuais, este conhecimento é ainda mais importante, porque obriga os parceiros a uma perceção mais profunda das diferentes propriedades e, por conseguinte, a um maior respeito, procurando simultaneamente uma abordagem realista aceitável para ambas as partes.

Part II

Ásia Oriental: A "alma errante" de Confúcio e o nascimento de um novo homem

Legados confucionistas na dinâmica político-social da Ásia Oriental

Introdução ao tema

O título do capítulo é um pouco provocador, mas relevante para o quadro desconcertante das sociedades da Ásia Oriental na sua atual transformação social, revelando as complicações da integração do hardware ocidental de instituições políticas com o software confucionista de características sociais. O termo "alma errante" é emprestado do historiador chinês Ying-shih Yu, que falou do confucionismo contemporâneo no início do século XX como uma "alma perdida" ou "errante", separada das bases institucionais a que estava intimamente ligada.[16] Cem anos mais tarde, embora numa situação diferente, o conceito de legados confucionistas na Ásia Oriental enfrenta um problema semelhante e está a mostrar capacidade para encontrar gradualmente o seu terreno.

A história da globalização ensina-nos que, para além de aproximar as pessoas e de lhes proporcionar oportunidades de cooperação, este fenómeno global está a expor diferenças de identidades culturais e a provocar confrontos. Talvez possamos mudar os nossos sistemas políticos e substituir a ideologia do nosso Estado com relativa facilidade, mas não podemos mudar e remodelar facilmente a nossa identidade cultural e as nossas crenças. Uma das questões que acompanham a globalização é saber até que ponto estamos apegados aos nossos valores e até que ponto somos capazes de os reformular no processo de pressões da interação global.

Existem culturas inclusivas e exclusivas e muitas culturas intermédias. Algumas são abertas, com atitudes moderadas e capazes de absorver novas ideias, outras são altamente resistentes e desafiantes às pressões das mudanças da modernização. Nalgumas nações, os fundamentos culturais estão fortemente integrados no seu estilo de vida e são, em grande medida, resistentes às tendências da globalização. Um bom exemplo deste tipo de exclusividade é a cultura muçulmana, que se distingue por manter as suas crenças, tradições, identidade cultural e estilo de vida, não só nos seus países de origem, mas também depois de se estabelecerem noutros ambientes culturais. Por outro lado, podemos ver outro extremo de culturas que sucumbem totalmente aos processos de ocidentalização e estão quase a perder as suas próprias tradições. Não é necessário ir muito longe para as encontrar, estes processos estão a decorrer em muitos países em desenvolvimento em todo o mundo, com maior ou menor intensidade. No meio destas duas polaridades, existem algumas culturas com características e padrões de pensamento muito distintos que mantêm as suas tradições sociais, mas que, ao mesmo tempo, demonstram capacidade de se enriquecerem com as tendências de modernização e as mudanças progressivas. A este respeito, a Ásia Oriental, com os seus antecedentes culturais confucionistas, representa uma história

---

16 Sebastien Billioud e Joel Thoraval (2015): The Sage and the People: The Confucian Revival in China. P. 3.

interessante.

Este capítulo aborda os aspectos compatíveis, não compatíveis e fundidos do confucionismo e da democracia liberal e chama a atenção para os inquéritos barométricos que demonstram a profunda ligação dos asiáticos orientais ao seu passado político e a forma como encaram a democracia. [th]A investigação distingue entre a forma política do confucionismo e os legados sociais confucionistas e sustenta o argumento de que, apesar de algumas tentativas de reavivar os aspectos políticos do confucionismo no final do século XX, o confucionismo político não passa atualmente de uma questão histórica. A herança deixada pelo confucionismo nas sociedades actuais da Ásia Oriental refere-se sobretudo a relações intelectuais e a numerosas manifestações de legados sociais na sua vida económica e cívica. Este capítulo analisa estes legados e centra-se nos principais aspectos que contribuem para a criação de uma nova mentalidade social e de um "novo homem da Ásia Oriental".

O estudo apoia a tese de que a democracia pode ter muitas faces e que o cerne da democracia reside na prática sociopolítica e não na teoria. Com base na experiência empírica, as coisas podem funcionar mesmo que, filosófica e politicamente, os conceitos de confucionismo e democracia liberal não sejam necessariamente compatíveis. Por outras palavras, são as pessoas que dão impressões e preenchimentos práticos aos quadros políticos e não as ideias filosóficas ou os preceitos éticos do lado teórico.

1. Aspectos políticos do confucionismo

O confucionismo é o resultado de um processo evolutivo das suas principais doutrinas e práticas, que evoluíram para um sistema de ética social e política. Enquanto código de ética social, o confucionismo refere-se às normas que prescrevem as relações interpessoais correctas e o modo particular de vida privada e pública. Enquanto código de ética política, o confucionismo refere-se aos princípios que definem a relação entre governantes e governados e que defendem um determinado sistema de governo.

O confucionismo constitucional representa a penetração mútua dos valores culturais e da estrutura política da sociedade como um sistema integrado. A interpretação da cultura e da política como um todo foi a realidade político-social fundamental das sociedades confucionistas no passado. Este sistema já não existe e é uma questão histórica. O que resta do confucionismo são as relações intelectuais e a prática da ética social nas sociedades actuais da Ásia Oriental.

1.1. Instituições políticas confucianas

O confucionismo constitucional refere-se à autoridade imperial como pedra angular do sistema, impondo a burocracia como instrumento do Estado imperial, e os literatos e a nobreza como grupo de estatuto que liga o Estado à sociedade. Este complexo de instituições políticas assegurou efetivamente o domínio do Estado em toda a sociedade, utilizando a "etocracia" com rituais como instrumento de gestão.

O Estado burocrático centralizado era uma das características mais importantes do confucionismo político e o locus da autoridade era uma instituição que constituía o principal elo de ligação entre a sociedade humana e as forças dirigentes. Como Benjamin Schwartz argumenta, "a centralidade e o peso da ordem política foi uma das características mais marcantes da civilização chinesa". [17] A legitimidade da autoridade baseava-se na conhecida teoria do "Mandato do Céu", segundo a qual o Imperador (Filho do Céu), enquanto autoridade máxima, tinha todas as jurisdições sobre a vida político-social do povo. O poder imperial impedia, de facto, o desenvolvimento de uma força religiosa independente. O Imperador era aceite como a mais alta autoridade executiva e, ao mesmo tempo, carismática, mandatada pelo Universo (ao contrário do que acontece no Ocidente, onde as autoridades religiosas e reais são duplas), que não tinha o "direito", mas antes uma espécie de "mandato" para governar desta forma.[18] A sua última forma de política era a "etocracia", a gestão da sociedade através de normas de comportamento social, apoiadas por rituais.

A relação entre o Estado e a sociedade era outro aspeto político importante do confucionismo político. Esta relação era altamente desequilibrada, com o domínio do Estado burocrático sobre a sociedade civil. A burocracia era a espinha dorsal e o poder burocrático a essência da atividade do Estado na gestão da sociedade e na interferência na vida civil das pessoas. O ponto crucial deste sistema era que, ideologicamente, a mais alta autoridade estatal tinha o "direito e o dever" de intervir nas actividades socioeconómicas da sociedade, embora, na prática, o seu poder fosse bastante limitado. Os resíduos deste tipo de laços entre o Estado e a sociedade são visíveis mesmo nas sociedades actuais da Ásia Oriental. Por outras palavras, o objetivo do Estado autocrático confucionista era não permitir a existência de forças independentes ou resistentes fora do domínio imperial e é por isso que uma das suas principais preocupações era impedir o desenvolvimento de poderes diferentes dos seus, como religiões, exércitos e comerciantes independentes, a fim de evitar uma perigosa divisão da sociedade.

O Confucionismo primitivo defendia vários princípios de boa governação. Três deles são de grande importância. O primeiro princípio consistia em governar para o povo, assegurando-lhe o bem-estar e a segurança e divulgando a virtude através da educação. Os confucionistas defendiam a utilização da persuasão moral em vez de leis penais universalmente aplicáveis, que consideravam funcionar através da coerção e não do consentimento voluntário. É por isso que se opunham ao Estado de direito e acreditavam que a ameaça de castigo obrigava as pessoas a desconfiarem da autoridade. O segundo princípio era o do governo pela virtude, que não só é aceitável para o povo como também é uma forma eficaz de controlo. Os confucionistas preferiam instruir as pessoas sobre os benefícios da cooperação e, em seguida, fazê-las depender da sua aversão a perder a face e a ser envergonhadas como um dissuasor eficaz do crime. O terceiro princípio era a Doutrina do Meio. A sua ideia central era encontrar um ponto ótimo que pudesse manter um equilíbrio entre dois extremos

17 Benjamin J. Schwartz (1987): "O Primado da Ordem Política nas Sociedades da Ásia Oriental: Some Preliminary Generalization" in *Foundation and Limits of State Power in China*. Página 1.
18 Karl Bunger (1987): Foundations and Limits of State Power in China (Fundamentos e Limites do Poder do Estado na China). P. 316

opostos e assumir essa posição equilibrada. Este princípio representa socialmente a norma de ser razoável, moderado ao lidar com outras pessoas e aberto a muitos pontos de vista.

O modelo confucionista de boa governação difere do modelo democrático liberal, tanto nos seus fins como nos seus meios. No confucionismo, a boa governação baseia-se no conceito de meritocracia paternalista e é equiparada exclusivamente ao governo que trabalha para o povo através das virtudes, mas não é eleito pelo povo. O bem-estar do povo é o princípio mais importante, sem ter em conta os ideais políticos democráticos do Ocidente, como a liberdade, a igualdade, a participação do cidadão comum no processo político e o Estado de direito.

1.2. Tentativas de revitalização do confucionismo político na era moderna

thOs regimes autoritários dos países da Ásia Oriental na segunda metade do século XX utilizaram a centralidade confucionista da autoridade, tradicionalmente aceite, bem como uma sociedade civil muito fraca, para fixar posições de liderança poderosas e suprimir as liberdades do povo. medida que a Ásia Oriental se tornava cada vez mais democrática, alguns líderes procuravam pilares ideológicos para apoiar a continuação do seu regime autocrático. Resistiam à democracia como algo que violava os valores confucionistas dos seus países. O argumento assentava numa interpretação distorcida dos ensinamentos confucionistas, que colocava a tónica na ordem pública e na lealdade à classe dirigente, ignorando completamente o argumento confucionista de que o governo tem o dever de satisfazer as necessidades do povo.

Um dos mais fortes defensores dos valores confucionistas na história moderna foi o líder de Singapura, Lee Kuan Yew, que defendeu que: "Não acredito que a democracia conduza necessariamente ao desenvolvimento. Penso que o que um país precisa para se desenvolver é de disciplina, mais do que de democracia". [19] Nos anos 70 e 80, tentou aplicar a ética confucionista a toda a sociedade multicultural de Singapura, mas este tipo de campanha patrocinada pelo governo falhou e teve de ser metamorfoseada no conceito de "valores partilhados". Na esfera política, Confúcio foi invocado em Singapura pelo Partido de Ação Popular, no poder, como defensor da ditadura de partido único.

A partir das décadas de 1980 e 1990 e nos primeiros anos do novo milénio, começaram a surgir na China sinais de um interesse renovado pelo confucionismo. As primeiras indicações de mudança de atitude podem ser observadas em declarações governamentais e mensagens públicas. Jiang Zemin, o líder da China de 1989 a 2002, gostava de sublinhar a importância do governo pela virtude e o seu sucessor Hu Jintao anunciou a sua própria iniciativa para cultivar uma sociedade harmoniosa, referindo-se indiretamente aos valores confucionistas. Em 2004, teve início um programa em grande escala para promover o estudo da língua e da cultura chinesas no estrangeiro, sob o título de Institutos Confúcio, que estão explicitamente ligados

---

19 Lee Kuan Yew (2015): O falecido líder de Singapura Lee Kuan Yew tinha opiniões sobre tudo. Tempo. http://time.com/3748654/singapore-lee-kuan-yews-opinions/

ao confucionismo como um símbolo importante da cultura chinesa. O confucionismo desempenhou um papel central nas cerimónias de abertura dos Jogos Olímpicos de Pequim de 2008. Outra dimensão importante do renascimento do confucionismo na China contemporânea tem tido lugar na cultura popular e na sociedade civil. Foram realizadas várias experiências educativas, foram publicados e tornaram-se populares livros e séries televisivas que expõem as lições do confucionismo, académicos e activistas confucionistas começaram a divulgar posições sobre questões de interesse público. Todas estas tentativas contribuem para a procura de uma identidade chinesa nos tempos modernos e, através da ênfase na harmonia, na ordem social e no respeito pela autoridade máxima, servem de alavanca para legitimar o aspeto ideológico do regime comunista contínuo.

2. Canais de aplicação dos valores confucionistas

O confucionismo, enquanto sistema de crenças secular que tinha por objetivo resolver problemas práticos, era altamente adaptável às culturas locais onde foi introduzido. Estas adaptações produziram várias reformulações do confucionismo clássico. Embora o confucionismo se tenha desenvolvido de várias formas em toda a Ásia Oriental, todas as sociedades com antecedentes confucionistas partilham várias características comuns. Entre estas semelhanças, há três instituições principais através das quais os valores confucionistas foram plantados e se enraizaram nas sociedades da Ásia Oriental: a família, o Estado e a educação.[20]

2.1. Laços familiares

O instituto da família desempenha um papel importante em muitas sociedades, mas na Ásia Oriental, as responsabilidades familiares têm geralmente um peso muito maior do que no Ocidente. Nada é mais importante para as culturas da Ásia Oriental do que os valores familiares e nada teve maior influência na sociedade do que a estrutura familiar. A família é considerada a unidade básica da vida social, o fórum em que todos os seres humanos aprendem a viver de forma virtuosa e obediente, porque é nas suas famílias que os seres humanos observam os ritos de conduta correctos. Não se trata de uma questão de esquerda ou de direita, de liberal ou de conservador, nem apenas de obrigação, de responsabilidade ou de dever. É visto simplesmente como a relação natural de pais e filhos e fundamentalmente como uma relação recíproca.

As interacções entre os membros da família são orientadas por uma série de normas rígidas e hierárquicas baseadas na idade e no sexo. A identidade de uma pessoa é vista como o produto das relações familiares e o seu comportamento reflecte o orgulho coletivo ou a vergonha dos seus familiares através da sua própria ação pessoal. A piedade filial e outras normas relacionadas com a família ditam os papéis das pessoas não só na vida privada mas também na vida pública. Na hierarquia das lealdades, a devoção à família ocupa a primeira posição. Os interesses da família são considerados prioritários em relação a todos os outros compromissos, incluindo as

---

20 Gilbert Rozman (1991): A região da Ásia Oriental: A herança confucionista e a sua adaptação moderna.

obrigações legais para com o Estado. Todas as outras relações sociais derivam de um modelo alargado da família e trata-se de um sistema de "familismo" através do qual as normas familiares se estendem às relações de toda a sociedade.

A instituição da família teve um impacto na construção social e na vida económica das sociedades da Ásia Oriental. A família tem sido a unidade com o nível mais elevado de confiança que se transformou em modelo organizacional de actividades empresariais. Entre os países da Ásia Oriental, as empresas familiares de várias dimensões são mais proeminentes em Taiwan e Hong Kong, em grande escala como *chaebols* na Coreia do Sul e, antes da Segunda Guerra Mundial, também no Japão. Estas empresas criaram a espinha dorsal do capitalismo asiático, muitas vezes designado por "economia de rede", mas também trouxeram elevados níveis de nepotismo e corrupção.

De um modo geral, os povos de toda a região da Ásia Oriental consideram a família como a sua principal prioridade. O ethos familiar permaneceu um núcleo da tradição confucionista e está fortemente operativo até hoje, o que contrasta com as sociedades ocidentais, particularmente nos EUA, onde está a ocorrer um colapso simultâneo da comunidade e da família e onde a ênfase na base individual está a prevalecer com uma participação pessoal muito baixa na sociedade em geral.

2.2. Centralidade do Estado

No que diz respeito aos métodos de gestão e ao papel do Estado no desenvolvimento socioeconómico da sociedade, existem Estados "reguladores" e "desenvolvimentistas".

No Ocidente e sobretudo nos EUA, são as empresas privadas, e não as agências governamentais, que são os principais motores do desenvolvimento económico e da modernização tecnológica. O governo intervém nos mercados apenas quando as empresas se desviam dos regulamentos governamentais. Na sociedade ocidental, o governo desempenha o papel de agência reguladora.

A caraterística que define o Estado desenvolvimentista é a promoção da prosperidade nacional e do bem-estar público para atingir objectivos a longo prazo. A autoridade política colabora estreitamente com as empresas privadas e desempenha um papel de orientação e facilitação na formulação de políticas industriais e no desenvolvimento de estratégias para o crescimento económico.[21] Neste aspeto, os Estados desenvolvimentistas contrastam fortemente com os Estados reguladores.

O que tornou as sociedades da Ásia Oriental fundamentalmente diferentes das dos EUA foi o facto de as sociedades confucionistas se terem tornado um grande organizador da sociedade e terem adotado uma postura intervencionista e transformadora em relação à sociedade que impediu efetivamente a emergência da sociedade civil. Este facto teve um grande impacto nas atitudes populares relativamente às fronteiras entre as esferas privada e pública e deixou um problema estrutural na construção sociopolítica. Ao contrário do sistema institucional ocidental,

21 Talcott Parsons (1960): Estrutura e Processo nas Sociedades Modernas. P. 116

em que a sociedade civil é uma contraparte do governo, os asiáticos de Leste não viam o Estado como um inimigo que restringia as suas liberdades, mas como um acionista e parceiro no exercício comum. A confiança, enquanto compromisso mútuo entre o povo e o governo, era considerada um dos fundamentos sem os quais a governação não se justificaria e a ordem social não poderia ser mantida. Neste sentido, a sociedade civil não se opôs à intervenção do Estado nos assuntos sociais.

Em resultado desta relação simbiótica, os padrões das actividades civis manifestaram-se na Ásia Oriental sob diferentes formas. Os segmentos da sociedade civil procuravam patronos entre a elite estatal para cuidar dos seus interesses, não se rebelando publicamente contra o governo. A sociedade civil era concebida mais como um "kit de ferramentas" ou um repertório de competências e hábitos utilizados para atingir objectivos através de patronos. Era, nas palavras de Ann Swidler, um domínio de "estratégias de ação",[22] em vez de um "domínio público" de vocalização dos interesses civis. [th]Só gradualmente e muito lentamente, no final do século XX, é que as sociedades da Ásia Oriental começaram a formar alianças horizontais, demonstrando mais atividade na divulgação das suas preocupações civis. Em suma, as sociedades civis da Ásia Oriental surgiram no decurso do seu espetacular desenvolvimento económico e desenvolveram-se a partir de uma tradição e estrutura muito diferentes das do Ocidente.

2.3. O papel da educação

O respeito pela educação é um dos aspectos mais marcantes do confucionismo. O confucionismo primitivo acreditava que, através da aprendizagem, as pessoas são capazes de se tornarem homens "nobres" plenamente virtuosos e respeitados. Para efeitos de educação, o confucionismo rejeitou a categorização do ser humano como bom ou mau, brilhante ou aborrecido, talentoso ou comum. Este facto criou um modelo de educação baseado no esforço que contrasta fortemente com o modelo ocidental baseado na capacidade. Na Ásia Oriental, a crença filosófica básica subjacente ao ensino básico é que todos os alunos podem dominar todas as disciplinas. Espera-se que todos tenham sucesso em todas as aulas e considera-se que o "segredo" do sucesso é o "esforço" e o trabalho árduo de cada aluno. Se um aluno se sair bem e o outro não, a resposta no Ocidente seria que o primeiro é mais inteligente, enquanto na Ásia Oriental se considera quase universalmente que a razão é o esforço.

A escola é considerada uma ocupação a tempo inteiro para os membros mais jovens da sociedade e os asiáticos orientais têm geralmente muito mais dias de escola do que os ocidentais. Os estudantes estão concentrados numa escolaridade orientada para os testes e para a seleção por exame dos serviços públicos e das grandes empresas. A educação é geralmente considerada como um importante meio de mobilidade profissional ascendente, um instrumento para um estatuto social mais elevado e um emprego bem remunerado. Os resultados dos exames são considerados como a referência mais importante para atingir estes objectivos. Fiel ao ditado confucionista

---

22 Ann Swidler (1986): Culture in Action: Symbols and Strategies. American Sociological Review, 51, No. 2, pp. 273-286.

de que a educação é um dos principais deveres do Estado, o Leste

Os países asiáticos investem maciçamente nas escolas. No entanto, ao colocar mais ênfase no esforço do que na inteligência inata, esta escolaridade orientada para os exames produziu uma mão de obra alfabetizada e disciplinada que contribuiu para uma rápida industrialização, mas que é acusada de não produzir engenheiros e cientistas inovadores.

Um dos graves problemas da educação nas sociedades do Leste Asiático, especialmente na Coreia do Sul, é a excessiva pressão exercida sobre a aprendizagem das crianças, o que resulta numa sobrecarga dos deveres dos alunos. Os alunos do ensino básico queixam-se da falta de sono devido às aulas particulares que os pais organizam até altas horas da noite, a fim de se destacarem na sala de aula. A "excelência" é o que a família espera dos filhos e as elevadas "expectativas" exercem uma enorme pressão sobre o psicológico dos alunos. O orgulho e a vanglória surgem em caso de sucesso, a vergonha e a profunda desilusão em caso de insucesso, por vezes até o suicídio. De acordo com as estatísticas da OCDE, a Coreia do Sul é o segundo país com a maior taxa de suicídios a nível mundial (quase 15 mil em 2015), a seguir à Lituânia.[23]

3. Legados sociais do confucionismo na Ásia Oriental atual

Apesar de o confucionismo já não ser um sistema constitucional, mas sim um modo de vida, os valores e as normas sobreviventes do confucionismo afectam a vida pública e privada de inúmeras formas directas e indirectas, representando assim o "software" social da Ásia Oriental. Os legados confucionistas manifestam-se de várias formas e estão fortemente presentes, pelo menos, como imperativos morais, harmonia social, orientação para a comunidade e prosperidade partilhada, bem como em vários tipos de comportamento decente e de gestão suave de conflitos. Devem ser tidos em consideração para compreender os problemas actuais da dinâmica social das sociedades da Ásia Oriental. [24]

3.1. Imperativos morais

A moralidade desempenha um papel importante tanto na cultura ocidental como na cultura da Ásia Oriental e tem princípios semelhantes. A principal diferença reside nos mecanismos de controlo da moralidade entre as pessoas e nos instrumentos de motivação para respeitar as normas sociais e a ética.

Ruth Benedict, antropóloga da Universidade de Columbia, foi incumbida pelo governo dos EUA, em 1944, de elaborar um perfil sociológico do Japão. Apresentou as suas conclusões sobre o Japão no livro *"O Crisântemo e a Espada"*.[25] Uma das suas observações brilhantes foi a definição do papel da vergonha na cultura japonesa.

---

23 Dados da OCDE sobre as taxas de suicídio (2015): https://data.oecd.org/healthstat/suicide-rates.htm

24 Doh Chull Shin (2012): Confucianism and Democratization in East Asia [Confucionismo e Democratização na Ásia Oriental]. Cambridge University Press. P. 51

25 Ruth Benedict (1967-reimpressão): Chrysanthemum and the Sward: Patterns of Japanese Culture.

Benedict argumentou que os asiáticos orientais confiam na vergonha como principal guardiã contra a conduta imprópria, enquanto as sociedades ocidentais confiam na culpa. Ela viu uma grande diferença entre estes dois conceitos. As culturas da vergonha dependem de sanções externas para o bom comportamento, enquanto as culturas da culpa dependem da convicção interiorizada do pecado. Numa cultura de vergonha, o sentimento de erro surge se os outros o virem e o considerarem errado. Numa cultura de culpa, o ato é errado quer os outros saibam ou não. O principal guardião da moralidade na "cultura da vergonha" são as pessoas à volta, o principal guardião na "cultura da culpa" é a consciência. Benedict retirou desta distinção a conclusão de que os japoneses têm um conceito flexível e relativo de moralidade, enquanto as sociedades ocidentais têm ideias fixas do que é certo e errado. Este teorema é aplicável a todos os países da Ásia Oriental, mas a sua manifestação prática é hoje bastante diferente deste conceito abstrato, não só devido a numerosas influências externas e à grande presença de crenças ocidentais na região, com a sua "convicção de pecado" interiorizada, mas também devido à função de inércia moral nas sociedades da Ásia Oriental e ao impacto da educação moral.

Na Ásia Oriental, a moralidade é considerada demasiado importante para ser deixada ao acaso e para ser confiada apenas aos pais, às igrejas ou ao sector privado. As lições de moral sobre as virtudes da comunidade, a conduta social adequada e o comportamento apropriado para fazer coisas correctas, seguir regras e respeitar a autoridade como membro de um grupo fazem parte do currículo escolar. A formação académica e a formação social estão misturadas em quase tudo o que os alunos aprendem. No ensino confucionista, as pessoas são capazes de se tornar perfeitas através da repetição interminável de preceitos morais.[26] Tendo isto em mente, as mensagens de moralidade assumem várias formas públicas de slogans, cartazes, outdoors, anúncios, comerciais de televisão e emissões de rádio. Os asiáticos de Leste adoram as regras e a ordem e as boas maneiras são realmente importantes nas suas sociedades, especialmente no Japão, onde os "cartazes de boas maneiras" estão pendurados nas paredes públicas praticamente em todo o lado. Estão convencidos de que o cumprimento das regras evita a eclosão do crime e da violência. O conceito básico é que se a sociedade não lembrar e encorajar as pessoas a serem boas, os actos errados podem prevalecer.

Por outras palavras, os asiáticos orientais têm praticado a sabedoria confucionista na gestão de uma sociedade: "Se os guiares por decretos, se os mantiveres na linha com castigos, as pessoas podem manter-se longe de problemas, mas não terão sentido de vergonha. Mas se as guiares pelas tuas próprias virtudes e as mantiveres na linha com actos de decência, elas desenvolverão um sentido de vergonha e controlar-se-ão a si próprias". (*Analectos 2:3*)[27] Os asiáticos orientais estão convencidos de que, sem ensinar a moralidade e desenvolver o sentido da vergonha, não há controlo. E os resultados podem ser vistos nas sociedades da Ásia Oriental, com taxas de

---

26 T.R. Reid (1999): Confúcio mora na porta ao lado. P. 174.

27 Rodney L. Taylor (1944): The Religious Dimensions of Confucianism (As Dimensões Religiosas do Confucionismo). P. 14.

criminalidade, consumo de drogas, vandalismo, maternidade solteira e lares desfeitos muito mais baixos do que no Ocidente, que são testemunhos das suas directivas morais.

3.2. Tolerância e simpatia social

A harmonia social é um valor social preeminente dos povos da Ásia Oriental em geral. É uma espécie de sentimento suave que surge em grupos de diferentes tipos e dimensões e a diferentes níveis. Manifesta-se como uma espécie de ausência de confrontação e um estado de compreensão mútua que não causa problemas ou vergonha aos outros membros de um grupo. Nas sociedades da Ásia Oriental, especialmente no Japão e na Coreia do Sul, este tipo de sentimento está muito desenvolvido. No Japão, manifesta-se como um estado de *chowa* (acordo puro com paz), na Coreia do Sul é um conceito semelhante de *jeong* (afeto humano, tolerância, simpatia, bondade).

No Japão, *o chowa* é sentido quando os assuntos da família, do bairro, da sala de aula, da empresa, do clube desportivo, da sociedade, etc., estão bem organizados e todos os membros se reúnem sem problemas. Esta é a virtude da harmonia de um grupo. Não a harmonia como é na perceção ocidental para se sentir bem e ser gentil para com os outros no grupo, não como uma virtude a ser equilibrada contra os direitos e o estatuto de cada membro como indivíduo. No Japão, o estado de interação pessoal harmoniosa é um fim em si mesmo. A harmonia social é o objetivo mais elevado do esforço humano. Há uma forte necessidade de agir por consenso e os japoneses não se sentem confortáveis em situações com potencial "perigo" de perturbação da harmonia. Esta é uma das razões pelas quais preferem não votar em reuniões de comités, conselhos ou clubes, porque possíveis votos "contra" significariam uma perturbação da harmonia. Isto é muito diferente do estilo ocidental, em que as reuniões representam um terreno para debater alternativas, levantar questões difíceis, objecções, resolver problemas e, finalmente, decidir sobre uma linha de ação. No Japão, a decisão final é tomada muito antes de se poder convocar a reunião decisiva e o objetivo do exercício é conseguir que todo o grupo se comprometa publicamente com uma linha de ação. Esta é a forma de garantir que todo o grupo caminha na mesma direção e que todos têm interesse em ver o projeto bem sucedido.

Na Coreia do Sul, *o jeong*, enquanto conceito de comportamento social, representa uma importante caraterística de comportamento moral da sociedade coreana. Trata-se de um conceito amplo que actua de forma bastante robusta contra as tensões e os conflitos individuais. As pessoas sentem que são obrigadas a pensar não só nos seus interesses individuais, mas também a fazer compromissos e a manter relações amenas. Pode manifestar-se de muitas formas - ser altamente tolerante e educado em vez de ser rude, ser solidário com as pessoas em dificuldades, mostrar empatia ao compreender os problemas dos outros, oferecer ajuda quando alguém se sente sozinho, apoiar os amigos quando a sua vida corre mal, mostrar responsabilidade nas relações, etc. Não significa que os indivíduos devam gostar e amar uns aos outros em qualquer circunstância, mas está a ensinar que, independentemente das aversões pessoais, as pessoas devem dar-se bem e trabalhar eficazmente. Está a fazer com que as pessoas se dediquem mais às relações do que ao individualismo.

3.3. Orientação para a comunidade e prosperidade partilhada

O sentido dos interesses de um grupo está interligado com o conceito de harmonia social, mas também contribui para a mentalidade centrada no ego. As relações de grupo preocupam muito mais a mente dos asiáticos orientais do que a dos ocidentais, que não se preocupam com as relações mas com os direitos individuais. Nas culturas asiáticas, o bem-estar da comunidade como um todo supera os interesses de qualquer indivíduo isolado. O cultivo do sentido de orientação para o grupo, embora não seja necessariamente rotulado de confucionista, faz parte do currículo das escolas primárias de todos os países da Ásia Oriental, salientando os deveres de trabalhar arduamente, seguir regras, respeitar a autoridade, assumir responsabilidades, por outras palavras, dar-se bem com o grupo. Violar a harmonia do grupo ou minar a ordem social é visto como um ato vergonhoso e deve ser evitado a todo o custo.

Para compreender a orientação da Ásia Oriental para o grupo, deve notar-se que o eu da Ásia Oriental não é "desindividualizado" no grupo. Seria um equívoco considerar que a sua auto-identidade se desmorona totalmente e que está totalmente fundida com o eu grupal e o ego grupal. O eu confucionista é antes "despersonalizado", preservando a sua própria auto-identidade e não "dependente" de um grupo. Existe uma espécie de "interdependência" entre o eu autossuficiente controlado racionalmente e o contexto mais alargado do eu-grupal.[28] Este tipo de relação "inter-ego" é transformado nas esferas pública e privada da moralidade. Nas sociedades da Ásia Oriental, não existe o tipo de dualidade ocidental entre vida pública e privada e a separação entre moralidade pública e privada. Este padrão é conhecido como atitude "coração-mente", em contraste com o Ocidente, que normalmente atribui as emoções à esfera privada e a racionalidade à esfera pública da vida. Os esforços para estabelecer relações de grupo e partilhar a prosperidade baseiam-se na filosofia de que o governo e os cidadãos são accionistas de uma sociedade comum e todos subscrevem um objetivo comum de prosperidade.

O objetivo último da sociedade confucionista de estabelecer uma comunidade pacífica e próspera com base em relações harmoniosas, juntamente com a grande ênfase na estabilidade social e na harmonia interpessoal em detrimento de outros valores, desencorajou as pessoas da Ásia Oriental de se envolverem na prática da crítica e da argumentação. Estes legados atrasaram o processo de pensamento crítico entre as massas da região, com consequências que se mantêm até hoje.

3.4. Comportamento decente e linguagem de cortesia

Existem vários instrumentos de apoio para preservar a harmonia nas sociedades da Ásia Oriental. Um dos principais instrumentos é a língua. A polidez e a cortesia estão incorporadas na língua, mantendo um nível básico de decência no contacto humano. As línguas japonesa e coreana, em particular, são o berço dos eufemismos. As formas de tratamento e de referência na comunicação têm padrões especiais. A sua função

28 Kim, Songmoon (2014): Democracia confucionista na Ásia Oriental: Theory and Practice. P. 214.

essencial é mostrar respeito e amortecer o impacto das más notícias.

A cultura ocidental prefere as perguntas e respostas francas e directas e orgulha-se de afirmar que "o que se vê é o que se obtém", ao passo que as pessoas da Ásia Oriental fazem uma distinção entre a fachada e o eu interior, preferindo a forma indireta, ocultando os seus sentimentos e não correndo o risco de ofender alguém. São muito conscientes da forma como os outros se podem sentir e tendem a ser deferentes quando exprimem as suas opiniões pessoais.

A auto-afirmação é frequentemente equiparada a uma forma de agressividade que ameaça a harmonia. As desculpas e os pedidos de desculpa apresentados em linguagem honorífica estão sempre a surgir. A palavra "não" é considerada indelicada e, para dizer "não", existe um arsenal de eufemismos, não porque sejam desonestos, mas porque a palavra "não" pode causar desilusão, mal-estar e perturbar a harmonia. O objetivo de toda a confusão linguística na Ásia Oriental é manter o bom sentimento, fazer com que todos se sintam copacéticos para que todo o grupo possa continuar a funcionar num estado de harmonia. Deve reconhecer-se que há um certo excesso deliberado de cortesia nestas cerimónias linguísticas, mas isso acalma os ânimos e preserva a harmonia social.

A língua também desempenha um papel de apoio na manutenção da estrutura hierárquica da sociedade. Existem grandes diferenças na linguagem em termos de respeito entre os mais velhos e os mais novos e uma linguagem diferente para cumprimentar e dirigir-se a alguém que está acima de si na hierarquia e uma linguagem totalmente diferente para a conversa normal. Isto reflecte-se no comportamento prático em muitos domínios, incluindo a interação comercial, em que a troca de cartões de visita permite reconhecer a antiguidade e a posição hierárquica, dando aos parceiros a possibilidade de falarem corretamente uns com os outros.

As manifestações de comportamento decente na Ásia Oriental atual são muito diferentes, em termos qualitativos, da sociedade tradicional confucionista constituída por rituais do passado, em que, na ausência de uma cidadania democrática robusta, uma ênfase excessiva na civilidade promovia a docilidade, que é, segundo Alexis de Tocqueville, "o pior inimigo da democracia",[29] prejudicando a vitalidade democrática e a liberdade política do regime.[30]

É também necessário notar que a deferência e a decência na abordagem dos outros reflectem uma noção benigna da natureza humana e a crença de que, se encorajarmos o bem nas pessoas e apelarmos ao seu sentido de virtude, elas responderão positivamente nas suas reacções. Trata-se de uma atitude de "elevada expetativa" que contrasta com a atitude de "baixa expetativa", sobretudo nas sociedades ocidentais, em que a comunidade parte do princípio de que os cidadãos cometerão actos ilícitos, a menos que sejam explicitamente proibidos, e é por isso que o Estado se baseia na

---

29 Alexis de Tocqueville (republicado em 2000): Democracy in America. Publicado por The University of Chicago Press, 2000. Traduzido e editado por Harvey C. Mansfield e Delba Winthrop. ISBN: 0-226-80536-0.

30 Kim, Songmoon (2014): Democracia confucionista na Ásia Oriental: Theory and Practice. P. 23

proibição e na punição.

4. Bases teóricas de um possível "casamento" entre o confucionismo e a democracia

Tem havido pouco consenso entre académicos e políticos sobre o papel e o impacto dos legados culturais confucionistas no progresso democrático na Ásia Oriental. Existem opiniões divergentes quanto ao facto de a herança confucionista ter impedido a emergência da democracia liberal na região ou ter sido vantajosa para a democracia.

Alguns defensores dos valores confucionistas afirmam que a democracia liberal de estilo ocidental não é adequada nem compatível com a Ásia Oriental confucionista (Lee Kuan Yew, 1988), enquanto outros, pelo contrário, defendem a democracia liberal nas sociedades da Ásia Oriental como a única forma de desenvolvimento da sociedade (Kim Dae Jung, 1944 e Amartya Sen, 1999). Há escolas que tentam provar que o confucionismo e a democracia são conceitos antitéticos (Francis Fukuyama, 1991), outras procuram elementos compatíveis, alguns académicos defendem que a Ásia confucionista continuará a ser democrática, mas pouco liberal, porque as elites e os cidadãos comuns têm relutância em adotar o liberalismo constitucional (Fareed Zakaria, 2003). As interpretações contraditórias da capacidade confucionista de "casamento" com a democracia liberal mostram que a direção e a magnitude da relação entre os valores confucionistas e democráticos variam consideravelmente de um estudo para outro e também de um país para outro. Estes pontos de vista divergentes podem ser geralmente classificados em três teses básicas que reflectem abordagens de incompatibilidade, compatibilidade e convergência.

4.1. Tese da incompatibilidade

Esta escola de pensamento defende que os princípios confucionistas da meritocracia ética e do paternalismo são contrários aos valores e princípios democráticos fundamentais, como a soberania popular, a igualdade política e os direitos individuais. Os defensores deste ponto de vista argumentam que as normas interpessoais confucionistas, especialmente de lealdade, não permitem que as pessoas façam escolhas políticas por si próprias de forma democrática e livre. Os seus argumentos centram-se no confucionismo como um sistema de ética social e política que enfatiza as relações sociais hierárquicas, o governo meritocrático dos sábios, as virtudes e o bem coletivo, o que é muito diferente da cultura ética liberal do Ocidente, com direitos e liberdades individuais, participação das massas e concorrência no processo político. O confucionismo representa, na sua opinião, uma ordem política em que "o dever é central, a desigualdade política é considerada um dado adquirido, a preocupação moral sobrepõe-se ao processo de negociação política e a harmonia prevalece sobre o conflito". [31]

Samuel P. Huntington é um dos académicos que mais se tem pronunciado sobre estes

31 He, Baogang ((2010): Four Models of the Relationship between Confucianism and Democracy" ("Quatro Modelos da Relação entre Confucionismo e Democracia"). *Journal of Chinese Philosphy* 37:18-33.

conceitos, afirmando que o pensamento confucionista clássico é inerentemente antidemocrático. Na sua opinião, as sociedades de influência confucionista promovem o grupo em detrimento do indivíduo, a autoridade em detrimento da liberdade, as responsabilidades em detrimento dos direitos e não oferecem qualquer proteção institucional dos direitos individuais contra o Estado.[32] Na democracia, que é uma forma de auto-governo coletivo, as pessoas governam-se a si próprias, direta ou indiretamente, através da eleição dos seus representantes. No confucionismo, só as elites morais, chamadas "pessoas exemplares", que são sábias e virtuosas e capazes de assumir a responsabilidade de governar, são autorizadas a governar. Não se trata de uma espécie de autogoverno das massas. As pessoas comuns são consideradas incapazes de se governarem a si próprias, pelo que não lhes é confiada a governação e devem seguir os líderes virtuosos. O mundo político confucionista é, deste modo, uma ordem política hierárquica na qual as pessoas comuns permanecem num papel passivo. O confucionismo clássico equipara o bom governo a uma meritocracia paternalista "para o povo", o que contrasta fortemente com a noção ocidental de democracia como governo "pelo povo", que exige a participação na elaboração das políticas.

No conceito confucionista, a estrutura e o processo do Estado estão organizados hierarquicamente, o que contrasta com as democracias ocidentais, onde os poderes estão divididos entre os vários ramos da sociedade. O sistema confucionista sublinha a obediência, as atitudes leais e a fidelidade à autoridade, desencorajando qualquer comportamento que ponha em causa a estabilidade política. Isto é antitético à democracia ocidental, que se baseia na existência de ideias concorrentes. Relativamente ao papel do Estado, o confucionismo também está em conflito com o pensamento ocidental. O Estado é visto como uma mão prolongada da estrutura familiar que cumpre funções paternais e não há limites para as intervenções do governo na harmonia social, nos assuntos morais, na promoção da prosperidade económica e na estabilidade política. Este tipo de Estado intervencionista é contrário a um Estado democrático liberal. O confucionismo considera que a virtude é muito mais importante do que as instituições políticas formais na governação, salientando a necessidade de uma liderança moral em vez de salvaguardas institucionais contra o mau comportamento oficial, mas não existe um mecanismo claro para resolver conflitos quando a moralidade falha.

4.2. Abordagem de compatibilidade

Os argumentos de compatibilidade rejeitam a imagem da democracia e do confucionismo como doutrinas antitéticas e, em vez disso, revelam e sublinham numerosos valores e tradições partilhados. Sugerem que o estabelecimento de instituições democráticas não tem sido um processo fácil, mas que um número crescente de cidadãos comuns da Ásia Oriental, bem como de líderes políticos, está a defender a democracia e que o Japão, a Coreia do Sul e Taiwan já estabeleceram raízes democráticas sólidas. Alguns académicos defendem que o confucionismo

32 Huntington, Samuel P. (1991): The Third Wave: Democratization in the Late Twentieth Century. P. 24.

contém sementes democráticas que podem servir e enriquecer o sistema democrático ocidental.

O antigo presidente coreano Kim Dae Jung (1994)[33] defendeu que o confucionismo permitiria expandir a democracia para além dos padrões ocidentais e o antigo presidente taiwanês Lee Teng-hui (2006)[34] argumentou que a doutrina confucionista é capaz de modernizar o excesso de individualismo e de colmatar outras lacunas da democracia ocidental, melhorando o bem-estar dos cidadãos individuais e dos grupos. De Bary, juntamente com outros académicos, examinou os princípios confucionistas de ordem social e política e chegou à conclusão de que os aspectos confucionistas mais proeminentes e conciliáveis com a democracia são sobretudo a responsabilidade política, a igualdade, a dissidência, a tolerância e a participação social. Defende mesmo o ponto de vista de que a prática confucionista de seleção de funcionários públicos através de um exame público e aberto pode, em determinadas condições, ser vista como uma alternativa institucional às eleições livres e competitivas dos líderes políticos. [35] Os defensores da tese da compatibilidade consideram a governação confucionista como uma forma de gestão política conferida à elite depois de esta ser considerada adequadamente sábia e virtuosa, enquanto a sua autoridade é controlada pelos cidadãos.

No que diz respeito à responsabilidade, Doh Chul Shin afirma que a democracia pode enfatizar a proteção da liberdade pessoal contra a opressão governamental em maior grau do que o confucionismo, mas ambas as doutrinas continuam a defender que os cidadãos merecem líderes que sejam responsáveis perante a população.[36] O autor explica que a ideia confucionista da responsabilidade do povo de criticar a autoridade e de demitir líderes que não respondem é semelhante às práticas políticas democráticas de realizar eleições competitivas e de destituir esses líderes pacificamente. Em termos de igualdade, os defensores da abordagem de compatibilidade sublinham que o ideal confucionista de educação universal é compatível com o princípio da cidadania democrática que exige o desenvolvimento de uma cidadania informada. [37]

A doutrina confucionista incentiva a tolerância em relação às diferentes ideias. É a "harmonia na diversidade" que é procurada, embora a uniformidade e a conformidade sejam frequentemente defendidas na prática. O confucionismo enfatiza a importância da ordem e da estabilidade, o que vai contra o facto de a democracia defender a contestação política, mas alguns académicos sugerem que a discordância pode ser expressa através da prática da "remonstrância", que é um elemento fundamental dos

33 Kim Dae Jung (1944): Is Culutre Destiny? The Myth of Asia's Antidemocratic Values" [O Mito dos Valores Antidemocráticos da Ásia]. *Negócios Estrangeiros* 73: 189-194

34 Lee Teng-hui (2006):Confucian democracy, Modernization, Culture, and the State in East Asia. Harward International Review23:16-18

35 Nuyen, A.T: (2000): Confucianism, the Idea of Min-Pen and Democracy. *Copenhagen Journal of Asian Studies* 14: Pp. 130-151.

36 Doh Chull Shin (2012): Confucionismo e Democratização na Ásia Oriental. P. 60.

37 Herr, Ranjoo Seodu (2010): Confucian Democracy and Equality. *Asian Philosophy* 20: 261-282.

valores confucionistas. [38] Na prática, porém, o confucionismo só permite a oposição popular quando essas acções não incitam ao caos político ou à rebelião.

A participação social é uma das características das sociedades democráticas e o liberalismo ocidental assenta na noção de que as pessoas escolhem os seus líderes e definem as políticas através de eleições livres e justas. Os defensores da ideia de compatibilidade argumentam que, embora a participação alargada possa não parecer tão emblemática do confucionismo, por outro lado, o confucionismo continua a promover sociedades civis robustas, especialmente através de uma educação igual e obrigatória por parte do Estado, e a educação é uma das formas mais fundamentais de os indivíduos se desenvolverem plenamente. Nas palavras de Tu Weiming, a democracia com características confucionistas não é imaginável, mas também praticável.[39]

4.3. Teoria da convergência

A tese da convergência tenta evitar uma abordagem dicotómica ao julgar os valores compatíveis ou incompatíveis do confucionismo e da democracia e tem em conta as semelhanças e a sua potencial ligação e sobreposição. Embora o confucionismo e a democracia entrem em conflito em vários pontos significativos, existem elementos de cada doutrina que podem beneficiar ambos. Os defensores desta perspetiva consideram que os valores confucionistas tradicionais de ordem e eficiência são úteis para a construção de democracias mais fortes e, por outro lado, reconhecem que a democracia incentiva o crescimento de pensamentos liberais na Ásia Oriental, respeitando simultaneamente os ideais confucionistas do bem comum e da responsabilidade mútua.

Os defensores da teoria da convergência salientam que uma das ligações mais importantes entre ambos os conceitos pode ser encontrada na conceção dos direitos humanos. [40] Os princípios confucionistas da benevolência e da reciprocidade sublinham o humanismo e a consideração das outras pessoas na sociedade, enquanto a ênfase confucionista na ordem social e no respeito pela autoridade pode contribuir para o renascimento das democracias em crescimento.

Do ponto de vista institucional, Daniel A. Bell argumenta que a governação exclusivamente "pelo povo" é inadequada para as sociedades historicamente confucionistas, porque os representantes democraticamente eleitos podem não ser totalmente capazes de avaliar as consequências a longo prazo das suas decisões. Propõe um sistema que combina os ideais confucionistas de governo pelas elites intelectuais com os ideais liberais de responsabilização eleitoral do governo perante os seus cidadãos, com duas câmaras de decisores políticos - a câmara baixa eleita

38 Ackerly, Brooke A. (2005): IS Liberalism the Only Way Toward Democracy? Political Theory 33: Pp. 47-76.

39 Tu Weiming (1996): Epílogo em Tradições Confucionistas na Modernidade da Ásia Oriental: Moral Education adn Economic Culture in japan and the Four Mini-Dragons. Pp. 343-349. Cambridge. Harvard Universtiy Press.

40 De Bary, Wm. Theodore (1996): The Trouble with Confucianism.

pelo povo e uma câmara alta selecionada com base em exames competitivos[41] (analogia com o modelo do Reino Unido, com a câmara alta baseada nos méritos), que poderia proteger os indivíduos impopulares e as minorias vulneráveis dos veredictos das maiorias.

A democracia eleitoral e as práticas confucionistas possuem ambas, na opinião dos defensores da convergência, algumas falhas inatas, mas a sua convergência pode ajudar a evitar que ambos os conceitos apresentem muitas deficiências e a enriquecê-los mutuamente através de formas práticas de conduta democrática. Isto pode ser referido à "ingenuidade" da Ásia Oriental, com a sua ênfase excessiva na moralidade na gestão da sociedade, ignorando o Estado de direito como mecanismo de controlo contra o abuso arbitrário dos poderes de governo, bem como à "ingenuidade" ocidental, na sua crença de que a gestão da sociedade através do Estado de direito é uma gestão suficientemente substancial da sociedade, ignorando o papel da moralidade na educação e na disseminação da ética.

Tu Weiming sugere que é necessário descobrir como o confucionismo pode ser democratizado e como a democracia pode ser confucionista, porque as suas formas institucionais são distintas. [42] Este estudo apoia a ideia de que a fusão de ambas as abordagens poderia trazer resultados efectivos, embora a questão central não seja a compatibilidade ou não compatibilidade dos modelos da Ásia Oriental e do Ocidente numa base teórica, mas sim as manifestações práticas do comportamento sociopolítico que têm capacidade para serem remodeladas.

5. Inquéritos sobre a democracia na Ásia Oriental

As percepções das pessoas sobre a estrutura e a funcionalidade da sociedade constituem a espinha dorsal das tendências de modernização. Os inquéritos sobre as percepções cognitivas da democracia constituem um indicador importante da dinâmica sociopolítica e dos vectores de desenvolvimento das sociedades da Ásia Oriental.

5.1. O significado da democracia

Existem padrões distintos na forma como os cidadãos de diferentes países entendem os ideais da democracia e reagem à sua implementação de uma forma prática.

Na maioria dos países ocidentais, a democracia representa muitas coisas boas - proporciona condições políticas e sociais óptimas para uma economia de mercado, um individualismo baseado nos direitos, um pluralismo de valores, uma sociedade civil dinâmica, justiça social, respeito pela diversidade, proteção dos direitos individuais, etc. Para eles, a luta democrática não significa pôr em causa a democracia, mas antes "remediar" algumas deficiências. Em linguagem política, significa consolidar a democracia que, muito simplesmente, ainda não atingiu o seu auge.

---

41 Bell, Daniel A. (2006): Beyond Liberal Democracy: Political Thinking for an East Asian Context. Princeton University Press.

42 Tu Weiming (2000): Implications of the Rise of Confucian East Asia". Daedalus 129: 195-218

No entanto, para a maioria dos países da Ásia Oriental, a democracia é a fonte dos "males ocidentais" e o ressurgimento global da democracia como único regime político legítimo é para eles mais do que alarmante. Consideram que a democracia está demasiado preocupada com o individualismo e a auto-identidade, argumentando que os interesses individuais corroem o bem comum, que a auto-identidade individual destrói a harmonia social e que o empenhamento democrático no auto-governo individual ameaça a ordem política.

A verdade é que o funcionamento efetivo das instituições democráticas depende dos processos cognitivos e das percepções das elites e do cidadão comum sobre a democracia, da capacidade da sociedade civil para participar no processo político e da confiança popular nos líderes e nas instituições políticas. As atitudes do público pertencem, assim, ao grupo de factores determinantes da fragilidade ou solidez dos regimes democráticos.

5.2. Barómetro e inquéritos de valor

World Values Surveys e *Asian Barometer Surveys*, que são relatados e comentados no livro de Doh Chull Shin, *Confucianism and Democratization in East Asia* (2012)[43] mostram resultados interessantes sobre a força do apego público aos *legados confucionistas* e o nível de conformidade com as normas confucionistas e a propriedade comportamental nas sociedades asiáticas.

A cultura hierárquica refere-se a um modo de vida que enfatiza a conformidade estrita com as normas e regras que definem o lugar de cada um na vida. A aceitação da estrutura hierárquica não é exclusiva da Ásia Oriental confucionista. Também prevalece noutras regiões não ocidentais, como a África e o Médio Oriente. Quanto aos países de origem confucionista, apenas a população da China, de Taiwan e do Vietname prefere a estrutura hierárquica da sociedade a outros tipos culturais (individualismo, igualitarismo e fatalismo). É mais forte no Vietname, a não-democracia mais pobre, e menos no Japão, a democracia mais rica e mais antiga da região. Entre os segmentos da população, o hierarquismo confucionista é mais popular entre os idosos e menos entre a geração jovem e instruída. Com o aumento do número de jovens que frequentam o ensino superior, é provável que a popularidade do confucionismo como modo de vida hierárquico esteja a diminuir. Além disso, a Ásia confucionista no seu conjunto é mais individualista do que qualquer uma das quatro zonas culturais não ocidentais, incluindo a América Latina, e os igualitários são mais numerosos na Coreia do Sul e menos na China e em Taiwan.

No que diz respeito ao *elitismo paternalista,* que difere da democracia porque representa um governo "para o povo" mas não "pelo povo", a sondagem mostra que as maiorias ligadas aos princípios do paternalismo e do elitismo na região da Ásia Oriental se encontram apenas na China, em Singapura e no Vietname, mas quanto à *meritocracia paternalista,* esta é, curiosamente, mais prevalecente na Ásia Oriental

43 Doh Chull Shin (2012): Confucianism and Democratization in East Asia [Confucionismo e Democratização na Ásia Oriental]. Cambridge University Press. P. 319.

não confucionista do que na Ásia Oriental confucionista.

Os defensores das *abordagens comunitárias* entre os asiáticos de Leste estão mais espalhados do que os apoiantes do modelo liberal. A filiação grupal refere-se a um modo de vida que dá ênfase ao espírito cooperativo e ao empenhamento na vida cívica, salientando uma comunidade harmoniosa quando os cidadãos dão prioridade ao bem das suas comunidades em detrimento dos direitos e da liberdade individuais. Isto contrasta com o modelo liberal de vida cívica baseado na competição na arena pública por interesses individuais.

Os valores familiares reinam supremos entre todos os princípios do legado confucionista para uma vida ética. Representam a pedra angular da cultura confucionista e a esmagadora maioria da população dos inquéritos mostra que todos os países da Ásia Oriental estão ligados, pelo menos de alguma forma, aos laços familiares.

Outro tipo de inquérito, *o Barómetro da Ásia Oriental*, foi lançado em 2000 e centrou-se especialmente na avaliação das *percepções da democracia* entre os cidadãos comuns da região da Ásia Oriental. Os resultados foram bem recolhidos e analisados de forma estrutural no livro *How East Asians View Democracy (2008),* editado por Yun-Han Chu, Larry Diamond, Andrew J. Nathan e Doh Chull Shin.[44] Os resultados do barómetro mostram claramente que o apego à democracia nas sociedades da Ásia Oriental depende do contexto. Quando encarada como um ideal político, quase toda a gente abraça a democracia, mas quando se pede para considerar alternativas, apenas cerca de metade aprova a democracia como o modelo preferido de governação. Quanto mais elevado for o nível de abstração, maior será o nível de ligação, quanto mais ampla for a base de comparação, menor será o nível de ligação. O Barómetro mostra que a massa crítica de cidadãos das sociedades da Ásia Oriental não quer apenas democracia, mas uma democracia melhor, mais responsabilidade, mais capacidade de resposta, mais transparência e menos corrupção. Os asiáticos de Leste esperam um aprofundamento democrático e não um retrocesso.

Resumindo os inquéritos barométricos, é de notar que a democracia na Ásia Oriental se encontra numa zona de penumbra. Os cidadãos recusam um regime autoritário que se assemelha à herança política confucionista e, por outro lado, a democracia ainda não conquistou um apoio consistentemente forte. Os barómetros também mostram que, a nível cultural, a democratização nas sociedades da Ásia Oriental passa por um processo com diferentes dimensões de fases que não mudam necessariamente em plena sincronização.

6. A modernidade na Ásia Oriental não é necessariamente sinónimo de ocidentalização

Tendo em conta as tradições confucionistas dos países da Ásia Oriental, é bastante problemático definir a modernidade exclusivamente em termos da experiência europeia e americana, que se reflecte sobretudo nos aspectos da economia de

---

44 Yun-han Chu, Larry Diamond, Andrew J. Nathan, Doh Chull Shin (2008): How East Asians View Democracy. Pp. 40-60 e 191-186.

mercado, da política democrática e do individualismo. As sociedades da Ásia Oriental representam uma fusão do sistema institucional emprestado do Ocidente, como um hardware político-institucional, com o seu próprio software social e cultural confucionista. Praticam o seu comportamento social porque não podem deitar fora a sua herança cultural e preservam as suas actividades sociais porque estas servem fins racionalistas.

A verdade é que os asiáticos de Leste no século XXI já não vivem em sociedades confucionistas tradicionais e pertencem a várias comunidades morais, filosóficas, culturais e religiosas. Foram mais ou menos liberalizados, pluralizados, democratizados e os discursos sobre os direitos, bem como o Estado de direito, tornaram-se parte integrante da sua vida social. A outra face da verdade é que os asiáticos orientais ainda estão impregnados de hábitos e costumes confucionistas, embora muitas vezes sem consciência disso. [45]

Deve reconhecer-se que o que constitui uma sociedade moderna funcional na Ásia Oriental não depende necessariamente do grau de ocidentalização. A ideia central é que a democracia não pode ser reduzida a um conjunto de princípios morais e políticos e deve ser sensível ao contexto e culturalmente fundamentada. A democracia nas sociedades da Ásia Oriental só pode ser politicamente eficaz e culturalmente relevante se estiver "enraizada" e se "funcionar" no contexto dos antecedentes e valores culturais confucionistas que ainda estão saturados nestas sociedades. A este respeito, a democracia da Ásia Oriental não pode ser associada apenas aos princípios liberais e às liberdades individuais, mas deve respeitar a arte da vida e o sentido da existência humana, que incorporam o comportamento ético, a boa governação, a lealdade, a amizade, a verdade e a confiança da Ásia Oriental.

6.1. "Cidadania "grossa" versus cidadania "fina

Na perspetiva da Ásia Oriental, os indivíduos não são autónomos, mas seres sociais definidos e aperfeiçoados através das suas relações com os outros e com as suas comunidades, que moldam a sua cidadania.[46] A cidadania é sempre recíproca e exige um forte sentido de solidariedade e uma participação ativa em redes sociais em que os direitos e as responsabilidades se apoiam mutuamente.[47] Charles Tilly caracteriza esta noção de cidadania como uma "cidadania densa", que contrasta fortemente com a noção liberal de "cidadania reduzida", na qual as responsabilidades dos cidadãos são mínimas e subordinadas a quaisquer preocupações com os direitos.[48]

Nas sociedades ocidentais, há uma visão atomizada da existência humana e pouco espaço para refletir a importância da comunidade em termos das suas responsabilidades, que têm impacto no desempenho de toda a sociedade. O estilo

45 Sungmoon Kim (2014): Democracia confucionista na Ásia Oriental: Theory and Practice. P. 10

46 Arben Russel Fox (1997): Confucian and Communitarian Responses to Liberal Democracy. *Revista de Política 59*: 561-592

47 Chong-Min Park e Doh Chull Shin (2006): Do Aisan Values Deter Popular Suport for Democracy in South Korea? *Asian Survey 46*: 341-361

48 Charles Tilly (1996): Citizenship, Identity, and Social History (Cidadania, Identidade e História Social).

ocidental de cidadania transcende a mentalidade de rebelião, preferindo a forma evolutiva de destruição criativa, enquanto o estilo de cidadania da Ásia Oriental transcende a mentalidade de harmonização, preferindo a gestão eficaz da sociedade. Thomas A. Metzger desenvolve a questão da cidadania densa do ponto de vista da eficácia das sociedades da Ásia Oriental, argumentando que: "Consequentemente, somos levados a perguntar: por que razão, neste tipo de mundo, algumas sociedades são mais eficazes do que outras a lidar com os seus problemas e a enfrentar os desafios da modernização?"[49] A região está a dar a resposta com o seu tecido de coesão social e de responsabilidades sociais.

Para os asiáticos de Leste, uma sociedade saudável deve equilibrar a proteção dos direitos individuais com a educação e a motivação das pessoas para as responsabilidades sociais. Podem ser permitidos alguns desvios, mas a exibição desenfreada da liberdade pessoal que perturba a paz ou ameaça minar a sociedade não é o que os asiáticos de Leste esperam da democracia. Em

Nos países da Ásia Oriental, os direitos individuais pressupõem responsabilidades pessoais e sociais. Nas culturas ocidentais, predominantemente nos EUA, os direitos individuais estão em primeiro lugar e só depois as responsabilidades.

Existem muitos indicadores e diferentes preceitos para definir uma sociedade saudável nos hemisférios ocidental e oriental da Ásia, mas aos olhos da maioria dos asiáticos a evidência da decadência social nos EUA é clara e palpável. Aos olhos da Ásia Oriental, a criminalidade, o divórcio e os comportamentos desviantes foram longe demais, permitindo que os indivíduos se descontrolassem. A liberdade individual criou sociedades onde as pessoas são politicamente livres, mas mais ou menos prisioneiras da sua vida quotidiana. Libertar o indivíduo, por um lado, é aprisionar a sociedade, mas, por outro lado, os asiáticos de Leste têm razão em colocar a questão fundamental de saber se não há demasiada liberdade na sociedade americana.

Em geral, as sociedades saudáveis só são possíveis quando a individualidade e a harmonia se reforçam mutuamente, beneficiando tanto o indivíduo como a nação. [50] A ideia confuciana de harmonia social e a prática histórica de tolerar múltiplas religiões podem promover as tradições liberais ocidentais de tolerar e combinar interesses diversos e apoiar o avanço do Estado.[51] Esta ideia é realçada pela tese da "harmonia na diversidade", que respeita intrinsecamente os diferentes valores, em contraste com a tese ocidental da "unidade na diversidade", que obriga a aceitar os valores ocidentais.

A "cidadania espessa" é um indicador de uma sociedade em que é possível gerir o problema concetual básico - a inter-relação dos direitos individuais com o sentido de solidariedade e deveres, bem como a participação ativa da sociedade civil. Este tipo

49 Metzger, Thomas A. (1977): Escape from Predicament. P. 235

50 Collins, Michael (2008): China's Confucius and Western Democracy, *Contemporary Review 4:* Pp. 161-172.

51 Fukuyama, Franics (1995): Confucionismo e Democracia. *Journal of Democracy* 6: 20-33.

de gestão representa o principal vetor da modernidade da Ásia Oriental, onde os legados sociais confucionistas e os valores ocidentais podem ser misturados de uma forma razoavelmente equilibrada.

6.2. O "código de vestuário" confucionista como destino democrático da Ásia Oriental

Apesar das enormes mudanças estruturais políticas e do crescimento gradual do individualismo durante as últimas décadas, a vida sociocultural da Ásia Oriental tem-se desenrolado à sombra da mentalidade social confucionista. Esta construção marcou uma espécie de incerteza da identidade sociopolítica da Ásia Oriental, porque a Ásia Oriental não pode simplesmente abandonar o legado confucionista e esquecer as suas origens culturais. A região continua a aderir aos princípios de vida que foram ensinados por Confúcio e pelos seus discípulos ao longo de dois milénios.

O verdadeiro problema com que os asiáticos orientais se debatem atualmente não é a suposta "correspondência" filosófica entre confucionismo e liberalismo, mas sim a realidade frustrante de que as instituições democráticas, que a região da Ásia Oriental importou do Ocidente, não funcionam como afirmam as teorias da democracia liberal[52] . O resultado é uma imagem desconcertante das sociedades da Ásia Oriental na sua transformação social, revelando o problema de como integrar o hardware ocidental das instituições políticas e o software confucionista das características sociais.

A imagem sombria da sociedade americana na Ásia Oriental está a convencer muitas pessoas de que os EUA, apesar de uma economia vibrante, são uma sociedade em decadência, apanhada numa espiral descendente. O novo fenómeno crescente é que os asiáticos orientais prósperos e confiantes de hoje defendem que os EUA e as culturas ocidentais precisam de se tornar mais asiáticos.

O antigo Presidente sul-coreano, que conduziu a Coreia do Sul à democracia na década de 1980, era um forte defensor da democracia na Ásia Oriental, mas queria que os Estados Unidos mudassem um pouco de acordo com as linhas asiáticas. Escrevendo há mais de duas décadas na *Foreign Affairs*, em resposta à defesa inflexível dos valores asiáticos por parte de Lee Kuan Yew, as observações de Kim Dae Jung são actuais, tal como em 1994: "Em vez de fazer da cultura ocidental o bode expiatório, é mais adequado analisar a forma como as forças tradicionais da sociedade asiática podem contribuir para uma melhor democracia... A Ásia não deve perder tempo para estabelecer firmemente a democracia e reforçar os direitos humanos. O maior obstáculo não é a sua herança cultural, mas a resistência dos governantes autoritários e dos seus apologistas. A Ásia tem muito a oferecer ao resto do mundo. O seu rico património de filosofias e tradições orientadas para a democracia pode dar um contributo significativo para a evolução da democracia global. A cultura não é um destino necessário. A democracia é-o." [53]

---

52 Kim, Songmoon (2014): Democracia confucionista na Ásia Oriental: Theory and Practice. P. 10

53 Chung Min Lee: Fault Lines in a Rising Asia" [Linhas de falha numa Ásia em ascensão]. P.58 Carnegie Endowment For International Peace. Publicado por Brooklins Institution Press. ISBN: 97-

Para desenvolver esta afirmação, é necessário notar que a democracia mostra os verdadeiros vectores das perspectivas da Ásia Oriental, mas os fundamentos culturais são as variáveis que devem moldar essas perspectivas. Deveria ser uma "democracia enraizada na estrutura cultural da Ásia Oriental" ou, por outras palavras, uma democracia com um "código de vestuário confucionista". A herança cultural confucionista deve ser o ponto de partida em todas as considerações sobre a modernização da Ásia Oriental, porque está fortemente personificada no seu comportamento social e é palpável em numerosas áreas sociais e económicas.

A democracia forjada com valores sociais confucionistas tem potencial para produzir um sistema regional único, combinando a governação "pelo povo" com a governação "para o povo". Representa os pontos fortes da base social da Ásia Oriental e indica a capacidade de moldar uma nova mentalidade sócio-política da Ásia Oriental. Como salienta Yung-Myung Kim, os valores confucionistas e a ênfase na ordem social e no respeito pela autoridade podem, de facto, melhorar a sobrevivência das democracias emergentes e corrigir as suas deficiências.[54]

7. A Coreia do Sul como "quebra-gelo" da Ásia Oriental

Existem diferenças intra-regionais no que respeita à dinâmica social e aos valores democráticos liberais entre as sociedades de base confucionista. Estas diferenças vão desde o desejo político de restringir a liberdade das pessoas para manter o poder político (China comunista), passando pela rigidez na adoção de mudanças (Singapura autoritária), pela sociedade civil estática numa democracia consolidada (Japão), até aos desenvolvimentos sociais muito dinâmicos (Coreia do Sul, Taiwan).

A Coreia do Sul está a assumir uma posição de liderança na "plantação de sementes" da transformação da Ásia Oriental. Apesar das suas fortes raízes confucionistas, a Coreia do Sul foi democratizada com êxito e mantém um regime democrático sólido com uma sociedade civil dinâmica, o que raramente se verifica na região da Ásia Oriental. O país está a mostrar na prática como é possível introduzir a democracia liberal num contexto social confucionista e está a provar que a democracia com antecedentes culturais confucionistas não é uma antítese da democracia liberal, mas sim o resultado das múltiplas traduções culturais do liberalismo e da democracia. [55]

O que distingue a Coreia do Sul de outras sociedades da Ásia Oriental é a sua atitude proactiva na procura de soluções para os problemas sociopolíticos. O país enfrenta desafios múltiplos, como a contestação política, o regionalismo, o nepotismo, a corrupção, os problemas demográficos, o domínio dos *chaebols* na economia, a ênfase excessiva na educação, o respeito rígido pela hierarquia e outras questões conexas, mas, por outro lado, está a mostrar resiliência, participação cívica ativa em soluções políticas e debates públicos sobre assuntos sociais, em vez de os varrer para debaixo do tapete. Estes processos reflectem o potencial e a flexibilidade na aceitação das mudanças sociais.

808-700-33117 (pbk)

54 Kim Yung Myung (1997): Asian Style Democracy: A Critique from East Asia. *Asian Survey* 37: 119

55 Sungmoon Kim (2014): Democracia confucionista na Ásia Oriental: Theory and Practice. P. 22.

A questão mais importante a ter em conta por detrás da elevada dinâmica sociopolítica da Coreia do Sul é a sociedade civil coreana e, sobretudo, a sua fonte de energia civil com um carácter ético qualitativo. Existe uma continuidade interessante entre a democratização da sociedade civil, com os protestos liderados pelos estudantes em 1970th e 1980th , e a consolidação da sociedade civil na Coreia do Sul durante as duas últimas décadas, ao contrário do Japão, onde a consolidação da democracia deu origem a uma sociedade civil de orientação passiva.

A energia cívica na Coreia, que tem vindo a galvanizar as actividades da sociedade civil, tornou-se nos últimos anos mais espontânea e não provém de valores ou princípios democráticos propriamente ditos, com os quais os coreanos não estão culturalmente familiarizados, mas dos costumes ou hábitos sociais tradicionais, carateristicamente confucionistas, nos quais estão profundamente enraizados. [56] A sociedade civil coreana é uma sociedade civil confucionista que funciona com base em "sentimentos afectuosos" que motivam as acções civis e políticas, tornando assim a democracia coreana mais participativa. Mais importante ainda, constituem o núcleo da razão pública em que os cidadãos se podem apoiar quando participam em deliberações públicas. Por outras palavras, a viabilidade da sociedade civil democrática coreana pode ser explicada como uma espécie de sentimento afetuoso, a virtude cívica peculiar da responsabilidade (por vezes designada por *uri*) e como uma força ética vital.

A empatia coreana, enquanto produto do discurso político, tem um poder politicamente miraculoso e pode suscitar sentimentos susceptíveis de prender as massas. Na sociedade coreana, existe um forte sentimento de responsabilidade pública como um compromisso moral de "assumir o seu próprio fardo". Este sentimento é exercido através da psicologia social do *cheong* e radica no sentimento de vergonha quando alguém não se preocupa com os interesses comuns contra a injustiça pública. Este facto faz com que a sociedade coreana seja qualitativamente diferente dos grupos sociais dos países ocidentais, especialmente das associações voluntárias, porque gera uma dinâmica de grupo única que raramente se encontra nas associações voluntárias liberais. O vocalismo social é apoiado por um ciberespaço amplamente desenvolvido que serve de meio altamente utilizado e proporciona uma saída aberta e pública, na qual os coreanos comuns, anteriormente alienados, podem exprimir livremente as suas opiniões políticas. Este facto ajuda a apoiar os apelos ao sentimento democrático comunitário que transcende o cidadão coreano individual e se centra na responsabilidade comum.

Existem numerosos casos sociais que apoiam a vitalidade da sociedade civil corânica. Por exemplo, no ano 2000, antes das eleições para a Assembleia Nacional, centenas de pequenas organizações de movimentos de cidadãos em todo o país criaram a Aliança dos Cidadãos para impedir que os partidos políticos nomeassem candidatos "não qualificados" (campanha de rejeição). Em 2005, milhares de coreanos comuns criaram novos grupos cívicos, organizaram manifestações à luz das velas e exigiram veementemente que fossem divulgados os nomes dos deputados que votaram contra o

56 Sungmoon Kim (2014): Democracia confucionista na Ásia Oriental: Theory and Practice. P. 207

projeto de lei relativo ao estatuto dos coreanos no estrangeiro e à isenção do serviço militar. O público considerou-se "traído" pelos deputados que apoiaram o projeto na fase inicial da legislação, mas que acabaram por retirar o seu apoio. A mobilização em massa no final de 2016 e no início de 2017 contra os casos de corrupção e o abuso de poder da então Presidente Park Geun-hye foi uma das expressões mais fortes do sentimento geral de ódio e vergonha que reflecte o papel da energia ética coreana como motor dos processos de transformação social.

A Coreia do Sul assiste atualmente a vários processos sociais de adaptação entre a cultura confucionista tradicional e o novo modo de vida liberal-democrático. Estes processos contribuem para a criação de uma nova mentalidade social e de um comportamento ético dos cidadãos comuns, de um novo tecido da sociedade civil e da formação de um novo ADN da estrutura social da sociedade. Trata-se de uma demonstração da democracia coreana com antecedentes sociais confucionistas. A este respeito, a Coreia do Sul é o "quebra-gelo" entre as sociedades da Ásia Oriental e a sua sociedade civil dinâmica é o indicador mais evidente das mudanças sociopolíticas.

8. Nascente de uma nova mentalidade e nascimento de um "homem novo"

Com o fim da Guerra Fria, surgiram previsões muito diferentes para o futuro do mundo. Francis Fukuyama e Samuel Huntington apresentaram estudos provocadores sobre o futuro das relações sociopolíticas e internacionais que suscitaram um debate alargado.

Francis Fukuyama publicou o ensaio *The End of the History?* (1989),[57] mais tarde o livro *The End of the History and the Last Man* (1992).[58] Fukuyama anunciou que as grandes batalhas ideológicas entre o Oriente e o Ocidente tinham terminado e que a democracia liberal ocidental tinha triunfado. Falava de ideias e não de acontecimentos e acreditava que a democracia liberal ocidental, com o seu elegante equilíbrio entre liberdade e igualdade, não podia ser melhorada e que, a longo prazo, seria o único "jogo credível na cidade". Para Karl Marx, a "viagem" terminava com o comunismo, Francis Fukuyama anunciava um novo "destino", embora no final tivesse o cuidado de reconhecer que a democracia liberal não é necessariamente o fim de todas as sociedades.

Em seguida, Samuel Huntington produziu o ensaio *The Clash of Civilizations*[59] com a tese de que as identidades culturais e religiosas das pessoas serão a principal fonte de conflito no mundo pós-Guerra Fria. Huntington desenvolveu a sua tese em 1996 no livro *The Clash of Civilizations and the Remaking of World Order.* [60] Para ele, o mundo estava a caminhar para um período de maior luta e confronto, com as nações a

57 Francis Fukuyama (1989): "O Fim da História?" Revista *The National Interest.*

58 Francis Fukuyama (1992): O Fim da História e o Último Homem.

59 Samuel P. Huntington (1993): The Clash of Civlizations: The Next Pattern of Conflict" (O próximo padrão de conflito). *Journal Foreign Affairs.* https://www.foreignaffairs.com/articles/united-states/1993-06-01/clash- civilizations

60 Samuel P. Huntington (1996): The Clash of Civilizations and the Remaking of World Order.

dividirem-se em blocos culturais e raciais. Huntington identificou oito civilizações diferentes e previu que os conflitos entre elas iriam inevitavelmente aumentar. Na sua prescrição, os valores ocidentais enfrentarão a nova assertividade cultural dos prósperos e confiantes asiáticos orientais. A tese de Huntington continha a mensagem inerente de que o mundo está a passar de conflitos "solucionáveis" para conflitos "não solucionáveis" porque, embora as ideologias estatais possam ser alteradas (o conflito ideológico entre o comunismo e a democracia foi resolvido com o colapso do comunismo), as crenças de visão do mundo e os fundamentos culturais que representam o Eu individual e a identidade colectiva são impossíveis de alterar.

Embora Fukuyama e Huntington apresentem duas previsões diferentes do futuro do mundo, ambos concordam no facto de a Ásia Oriental ser, pelo menos, diferente em termos de tradições democráticas. Ambos notaram um fosso fundamental entre a cultura confucionista da Ásia Oriental e as culturas judaico-cristãs do Ocidente. Para Fukuyama, este fosso só poderá ser colmatado quando os asiáticos orientais se aproximarem do sistema de organização social dos EUA. Para Huntington, o fosso não será de todo colmatado devido às profundas distinções culturais.

8.1. A realidade revela-se diferente das previsões

As sociedades da Ásia Oriental de matriz confucionista desafiam as previsões de Fukuyama e Huntington. Relativamente a Fukuyama, têm vindo a provar que a eterna procura da melhor forma de governo não chegou ao fim. No que respeita a Huntington, estão a desafiar o seu ponto de partida básico de que as identidades culturais não podem ser alteradas, mostrando que os legados sociais confucionistas, embora fortemente enraizados no comportamento pessoal e social, têm potencial para serem gradualmente remodelados com novas camadas de valores.

Existem três pré-requisitos importantes através dos quais os valores da Ásia Oriental têm um forte potencial para enriquecer a manifestação prática da democracia e contribuir para o nascimento de um "novo homem da Ásia Oriental". O primeiro domínio é o elevado nível de adaptabilidade do confucionismo a vários ambientes culturais e a sua capacidade de absorção de influências externas. O confucionismo é um sistema secular que não entra em conflito com crenças e religiões, o que lhe confere a flexibilidade de ser remodelado em condições adequadas. O outro domínio é a força ética do confucionismo, com o seu apelo moral a contribuir para a ordem social e as relações harmoniosas necessárias ao desenvolvimento de qualquer sociedade. O terceiro domínio é a natureza confucionista do pensamento correlativo ou do raciocínio circular, que põe a tónica no contexto em vez da separação e na tendência para uma gestão suave dos conflitos em vez da destruição criativa. Neste contexto, a Ásia Oriental mostra a sua transformação sociopolítica não através de processos de "rebelião", mas antes de processos de "convergência", típicos desta região desde há séculos. A conetividade com o mundo exterior é o meio através do qual a Ásia Oriental está a modelar a sua plasticidade. A experiência empírica da Coreia do Sul tem demonstrado de forma convincente que este é o caso do processo em curso na história moderna da Ásia Oriental.

8.2. Processo gradual

Ao avaliar a dinâmica sociopolítica da Ásia Oriental, é necessário notar que a democracia não é um acontecimento isolado, mas sim um processo contínuo e faseado. As formas políticas não se originam de uma vez por todas e a maior mudança, mas são simplesmente o resultado de uma vasta série de adaptações e acomodações reactivas, cada uma à sua própria situação particular. [61] Esta é a forma de ver as particularidades da Ásia Oriental.

A Ásia Oriental está a inclinar-se gradualmente, por etapas, para aceitar uma mistura de valores, demonstrando capacidade para gerir o seu conteúdo eclético de forma racional. A mentalidade nascente está a ser construída como um "casamento" entre o hardware ocidental e o software da Ásia Oriental ou, metaforicamente, como um "casamento" entre o "corpo" institucional ocidental e a sociedade da Ásia Oriental.

"mente". Este "casamento" não tem de ser a "unidade" na diversidade de valores, mas sim a "harmonia" destes valores na sua diversidade. Poderia resultar, no final, numa espécie de "democracia confucionista", tal como Sungmoon Kim a propôs no seu livro "Confucian Democracy in East Asia: Theory and Practice".[62]

A interação entre o Ocidente e a Ásia Oriental proporciona a ambas as culturas oportunidades enriquecedoras, mas infelizmente é um modelo assimétrico. O fluxo dos vectores da modernidade é muito mais dirigido do Ocidente para o Oriente do que no sentido oposto, embora o Ocidente tenha muito a aprender com os asiáticos orientais. A Ásia Oriental está a tornar-se um caldeirão de mudanças sociais, trazendo a sua própria visão da modernidade. No que diz respeito à sua capacidade de transformação, é útil tomar emprestada a análise de S. N. Eisenstadt da tese weberiana do impacto do protestantismo na direção da modernidade a partir da história europeia. Eisenstadt afirma que o impacto social do protestantismo surgiu no momento em que este não pôde realizar plenamente os seus objectivos sócio-religiosos totalistas iniciais e salienta que a sua importância especial consistiu em lançar as sementes da transformação que, em certos contextos, puderam dar frutos generosos para influenciar o curso da civilização europeia. [63] Embora o impacto do confucionismo no que respeita à modernidade nas sociedades da Ásia Oriental não tenha sido exatamente o mesmo que o do protestantismo na Europa, o contexto dos processos em curso é comparável e a Ásia Oriental enfrenta hoje, sem dúvida, cenários adequados para materializar os frutos dos valores sociais confucionistas que podem contribuir, como sementes valiosas, para a criação de uma mentalidade moderna da Ásia Oriental.

8.3. Vectores de mudanças sociais

Enquanto o hardware político é mais estático, o software social representa um fenómeno mais dinâmico que está sujeito a mudanças devido a numerosas influências globais e internas.

---

61 John Dewey (1954, reimpresso em 1988): Public and its Problems. P. 84.

62 Sungmoon Kim (2014): Democracia confucionista na Ásia Oriental: Theory and Practice. P. 4.

63 S.N.Eisenstadt (1968): A Ética Protestante e a Modernização. Pp. 7-8.

Os resultados da análise de classificação múltipla dos países da Ásia Oriental indicam que as influências mais poderosas que provocam mudanças no espírito das pessoas na região da Ásia Oriental são os movimentos democráticos, que geralmente surgem em vagas. Este facto é evidente na segunda vaga de democracia (Japão) e na terceira vaga de democracia (Coreia do Sul e Taiwan). As vagas de democratização revelaram-se mais poderosas do que a educação, amplamente reconhecida como o mais forte fator de previsão de todas as atitudes políticas. Os autores demonstram que a experiência do regime democrático afasta as pessoas do modo de vida hierárquico confucionista, que contrasta com a cultura ocidental de orientação individualista e que representa um dos maiores constrangimentos entre os legados confucionistas na elevação do Eu da Ásia Oriental. Por outras palavras, a presença ou ausência de um regime democrático nos países da Ásia Oriental surge como a influência mais poderosa na medida em que as pessoas estão ligadas ou desligadas das ideias políticas do confucionismo. Além disso, os inquéritos barómetro revelaram que, na região, os igualitários e os individualistas constituem uma maioria. Mais concretamente, a Ásia confucionista no seu conjunto é mais individualista do que qualquer outra zona cultural não ocidental, incluindo a América Latina. Isto corrobora a crescente adaptabilidade dos asiáticos orientais às influências ocidentais e a afirmação de que a democratização molda as orientações culturais tanto quanto as orientações culturais afectam o processo de democratização.

Na história, verificou-se muitas vezes que os conceitos teóricos foram negados por abordagens práticas, porque os detentores das mudanças são as próprias pessoas e não as ideologias ou teorias. Apesar do enigma teórico dos conceitos confucionistas e democráticos, está em curso o processo de criação de um "novo homem da Ásia Oriental". Em resposta às forças emergentes da modernização sócio-económica, a Ásia Oriental demonstra fortemente a sua capacidade de manter os legados sociais confucionistas e de funcionar cada vez mais com base na civilidade liberal, gerindo simultaneamente o equilíbrio entre a abordagem individualista e o sentido dos deveres sociais.

A Ásia Oriental está, de certa forma, a mostrar que o impossível em teoria é possível na prática e que a democracia pode funcionar com base em diferentes doutrinas morais abrangentes, partilhando amplamente os componentes essenciais da sua cultura pública, bem como as suas fontes afectivas para o seu raciocínio público.

Em suma, a "alma errante do confucionismo" está gradualmente a encontrar a forma de se instalar no quadro institucional ocidental das sociedades da Ásia Oriental.

Conclusão

Este capítulo examinou as raízes das diferenças culturais entre o Ocidente e a Ásia Oriental, introduziu os conceitos ocidentais e confucionistas de governação e as suas semelhanças e diferenças no debate teórico, apresentou as percepções cognitivas dos asiáticos orientais sobre a democracia com base em inquéritos de barómetro, explicou as diferenças entre os aspectos políticos e sociais do confucionismo e desenvolveu o papel de baluarte social da herança confucionista nas sociedades actuais da Ásia Oriental, centrando-se nas principais características da dinâmica sociopolítica da região que estão a contribuir para o nascimento de uma nova mentalidade da Ásia Oriental. O estudo estabelece uma distinção clara entre confucionismo constitucional e social. Atualmente, o que resta da herança confucionista é o confucionismo intelectual e numerosas manifestações de legados de comportamento social. Os valores confucionistas foram implantados nas massas durante muitos séculos através de três instituições básicas, como a família, o Estado e a educação. A análise teórica dos pontos em comum e das diferenças entre o confucionismo e a democracia mostrou que tem havido pouco consenso entre académicos e políticos sobre este tema e o estudo introduziu três escolas de pensamento, como a tese da compatibilidade, a da não compatibilidade e a da convergência, com os seus pontos fortes e fracos. Os inquéritos barométricos, referidos no ensaio, revelaram diferenças intra-regionais nas percepções da democracia e no nível de apego aos valores confucionistas entre os países da Ásia Oriental, mas também uma forte inclinação para o individualismo e o igualitarismo, ao passo que o apoio ao modo de vida hierárquico confucionista está a diminuir.

O estudo apoia fortemente o ponto de vista de que, à luz das tradições confucionistas dos países da Ásia Oriental, é bastante problemático definir a modernidade apenas em termos da experiência europeia e americana, que se reflecte sobretudo nos aspectos da economia de mercado, da política democrática e do individualismo. As sociedades da Ásia Oriental representam uma fusão do sistema institucional emprestado do Ocidente, como "hardware" político-institucional, com o seu próprio "software" social e cultural confucionista.

A ideia central é a de que a democracia não pode ser reduzida a um conjunto de princípios morais e políticos universais, mas deve ser sensível ao contexto e culturalmente fundamentada. A democracia nas sociedades da Ásia Oriental só pode ser politicamente eficaz e culturalmente relevante se estiver "enraizada" e se "funcionar" no contexto dos antecedentes culturais, valores e costumes confucionistas que ainda estão saturados nestas sociedades. A este respeito, a democracia da Ásia Oriental não pode ser associada apenas aos princípios liberais e às liberdades individuais, mas deve respeitar a arte da vida e o sentido da existência humana.

As ideias apresentadas neste capítulo subscrevem a tese de que as coisas nunca funcionam como a teoria sugere na esfera social, mas sim na forma como as pessoas percepcionam e praticam a sua vida quotidiana. O estudo apresenta uma sugestão provocadora de que, na prática, a Ásia Oriental está a desafiar seriamente os conceitos teóricos trazidos nos anos 90 pelas previsões de Fukuyama e Huntington. É um sinal convincente de que, com base nas dinâmicas sociopolíticas em curso, a mentalidade nascente está a ser construída como um "casamento" entre o hardware ocidental e o software da Ásia Oriental ou, metaforicamente, como um "casamento" entre o "corpo" institucional ocidental e a "mente" social da Ásia Oriental. Este tipo de sincronização não é necessário para ser a "unidade" na diversidade, mas sim a "harmonia" destes valores na sua diversidade. O ensaio termina com a ideia de que as manifestações práticas do comportamento sócio-político, mais do que as teorias, estão a traçar os vectores do desenvolvimento sócio-político das sociedades da Ásia Oriental e que a "alma errante" dos legados confucionistas está gradualmente a fundar o seu terreno nas novas disposições políticas da Ásia Oriental.

Part III

As economias da Ásia Oriental e a sua filosofia de sucesso

Manifestação das construções sociais nas políticas económicas

Introdução ao tema

Existem diversas explicações para o sucesso económico da Ásia Oriental durante o seu período de industrialização. As abordagens da economia política, do mercado, cultural, institucional e internacional contribuíram todas com um conjunto de argumentos úteis. Estas abordagens não representam conceitos alternativos, mas complementam-se mutuamente e são utilizadas para diferentes objectivos.

A contribuição do estudo é apoiar uma concetualização mais ampla do sucesso da industrialização da Ásia Oriental, elaborando a "geografia do pensamento" e as suas manifestações nas actividades económicas como uma vantagem comparativa estratégica dos países da Ásia Oriental. O momento crucial é que as acções económicas não são sociais, não são meramente "economicamente racionais" de uma forma abstrata e impessoal. As economias são construídas por políticas, mas são as pessoas que as elaboram. As histórias económicas da Ásia Oriental mostram que as suas actividades económicas não se baseiam apenas no cálculo do preço e em objectivos determinados pela racionalidade. Se olharmos para estes mercados apenas através de pensamentos económicos, não nos apercebemos de um conjunto de instituições sociais e políticas que servem para integrar a economia. A complexidade das economias da Ásia Oriental tem de incorporar uma explicação da sua construção social, dos padrões organizacionais, das inclinações de pensamento e dos princípios de trabalho, bem como do papel dos líderes governamentais e empresariais, que, em grande medida, acreditavam que o seu próprio sucesso dependia das realizações económicas.

A lição a tirar é que a estratégia de vantagem comparativa nas políticas económicas pode ser aplicada não só à estratégia de "produção" industrial, mas também a padrões sociais distintos que se prestam a estratégias de "organização" específicas. A economia da Ásia Oriental tem incorporado historicamente hábitos comportamentais de gerações baseados em valores e tradições que, em grande medida, entrelaçaram as práticas tradicionais com a organização económica desta região. Organizaram o seu desenvolvimento económico de uma forma que fez sentido para as suas populações, reflectindo o seu contexto social, baseando o seu sucesso económico nos seus próprios repertórios sociais e culturais, construindo sobre as suas próprias tradições e aproveitando o potencial das pessoas através da integração das suas políticas no seu sistema de valores. As pessoas compreendiam intuitivamente o que se esperava delas, mesmo que nem sempre gostassem. Com base nestas premissas e para além do reconhecimento de outras escolas de pensamento, o artigo contribui para a explicação cultural e institucional do fenómeno económico da Ásia Oriental.

1. A "geografia do pensamento" e a sua manifestação nas economias da Ásia Oriental

1.1. Práticas de mercado da Ásia Oriental

A abordagem neoclássica pode abranger suficientemente o funcionamento dos mercados ocidentais, mas tem os seus limites na explicação de algumas práticas de mercado dos países da Ásia Oriental devido à utilidade dos contextos em que os seus pressupostos institucionais estão em vigor. Estes pressupostos institucionalizam o "individualismo" competitivo de várias formas na sua estrutura de mercado e encaram a ação económica como uma espécie de conceito "associal". O seu modelo económico concebe os actores como unidades isoladas e considera uma condição crucial manter os actores económicos "separados". Os "capitalistas", neste modelo, são idealmente independentes e indiferentes quanto às partes a quem compram ou a quem vendem. A principal função do Estado é manter as condições de concorrência entre os agentes económicos autónomos, tanto indivíduos como empresas, e manter o mercado aberto.

A história é diferente nos países da Ásia Oriental que têm um pressuposto institucional distinto da abordagem de mercado. Nas economias da Ásia Oriental, o ator económico crucial não é normalmente o "indivíduo", mas sim a "rede" em que o indivíduo está inserido. As economias da Ásia Oriental estão enraizadas em instituições que incentivam e mantêm "laços" e estão organizadas através de redes de agentes económicos que se acredita serem naturais e adequadas ao desenvolvimento económico. O "modelo de relações" das economias da Ásia Oriental nega o pressuposto neoclássico não só na perceção dos actores como unidades isoladas, mas também na expetativa de que o preço seja o fator crítico na decisão de compra. Nas "economias de rede" da Ásia Oriental, com uma cultura empresarial baseada em valores, os compradores privilegiam, em muitos casos, os fornecedores com os quais estabeleceram relações, em vez dos fornecedores de menor custo. Isto viola o princípio da abordagem competitiva individualista, devido ao facto de o mercado estar condicionado por diferentes construções sociais e diferentes preferências de valor. A abordagem neoclássica descreve estas práticas como injustas e como imperfeições do mercado que distorcem as suas economias nacionais. As críticas têm sido dirigidas sobretudo às densas "redes de laços" entre as empresas asiáticas que, aos olhos ocidentais, se assemelham a cartéis.

1.2. Economias "em rede" da Ásia Oriental

Formas particulares de "inserção" económica na estrutura das redes sociais de cada sociedade subscreveram diferentes modelos organizacionais de industrialização. [64] Isso reflecte-se nos tipos de empresas, nas suas estratégias de gestão e organização, dando a cada economia um carácter distinto.

A economia japonesa é dominada pelos *keiretsu*, descendentes dos conglomerados de

---

64 Macro Orrù, Nicole Woolsey Biggart, Gary G. Hamilton: The Economoic Organization of East Asian Capitalism. Página 116. Publicações SAGB, 1997. ISBN: 0-7619-0479-4 (alk. Paper), ISBN: 0-7619-0480-8 (pbk: Alk. Paper)

empresas familiares *zaibatsu,* anteriores à Segunda Guerra Mundial, que organizavam os seus negócios através do seu próprio sistema de financiamento. As práticas de herança no Japão baseiam-se na "primogenitura", o que significa que toda a herança vai para o filho mais velho. Esta prática permitia que as fortunas das famílias de comerciantes permanecessem intactas sob a direção do herdeiro. As famílias bem sucedidas dispunham, assim, de avultadas somas de dinheiro para financiar as actividades das filiais associadas sob o "emblema" da "casa-mãe". No período pós-guerra, *as keiretsu,* embora já não fossem empresas familiares, mas sim redes de empresas com participações accionistas interligadas, baseadas na *lógica comunitária,* continuaram a depender das suas próprias fontes de financiamento. O importante é que os bancos estão inseridos em redes de empresas e funcionam como financiadores directos dos *keiretsu.* Estas redes de mercado constituem uma espécie de "alianças entre empresas" ou "capitalismo de aliança". [65] Muitas grandes empresas são membros destas redes (Mitsubishi, Mitsui, Sumitomo, Fuji, etc.). Para além dos *keiretsu, existem* também outras formas de ligação das empresas japonesas, por exemplo, a afiliação de um grande fabricante com os seus subcontratantes (o "grupo independente" da Toyota) ou investimentos comuns de pequenos retalhistas de bairro.

A economia sul-coreana assemelha-se, à superfície, às redes de mercado do Japão, mas em termos de processos de tomada de decisão apresenta algumas diferenças substanciais. A economia sul-coreana é dominada pelos *chaebols,* redes de conglomerados detidos e controlados por pessoas singulares ou famílias e organizados verticalmente através de "quadros centrais", que podem ser sociedades gestoras de participações sociais ou empresas-mãe. Ao contrário da lógica comunitária das empresas japonesas, *os chaebols* coreanos têm uma *lógica patrimonial* de estrutura empresarial, em que todos os poderes pertencem apenas ao líder do *chaebol.* O patrimonialismo tem raízes históricas profundas na Coreia do Sul e, com base na lógica conexa das disposições hierárquicas verticais, estão também organizados vários tipos de relações sociais. Empresas como a Samsung, a Hyundai Motor, a SK e a Lucky-Goldstar representam as principais redes de *chaebol* que controlam cerca de 90% das actividades económicas dos trinta maiores conglomerados de *chaebol.*[66]

A economia de rede de Taiwan é regida por empresas familiares e conglomerados familiares, designados por *jituanqiye* (grupos de integridade empresarial). A estrutura empresarial de Taiwan baseia-se numa *lógica patrilinear.* Ao contrário das economias japonesa e coreana, regidas por redes de empresas de dimensão média a muito grande, as redes taiwanesas ligam um menor número de empresas mais pequenas e ocupam uma posição menos central do que *os keiretsu* ou *os chaebols.* Muitas vezes, fazem investimentos cruzados em empresas, ocupam várias posições na rede e actuam como fornecedores ou produtores a montante de empresas a jusante.

---

65 Michael L. Gerlach: Alliance Capitalism: The Social Organization of Japanese Business. University of California Press, 1992. ISBN 0-520-07688-5 (alk. Paper), ISBN 0-520-08607 (pbk.: alk. paper)

66 KOICHI KATO: Os quatro maiores chaebol geram 90% dos lucros dos conglomerados sul-coreanos, Nikkei Asian Review, 10 de abril de 2014

As sociedades chinesas praticam a "herança partilhável", ou seja, a divisão do património familiar em partes iguais entre todos os filhos. Consequentemente, as famílias dividem as suas fortunas em cada geração, o que não permite a acumulação de grandes somas de dinheiro. Em vez disso, existe uma grande pressão no seio das famílias para desenvolver várias empresas, de modo a que, após a morte do chefe de família, cada filho possa reclamar uma empresa independente. As fortes normas sociais ditam que os membros da família ou os amigos próximos se ajudem financeiramente uns aos outros e o sistema funciona como um sistema de financiamento institucional alternativo. Devido a este sistema, o sistema bancário formal em Taiwan é relativamente fraco. Ironicamente, o forte sistema familiar produziu a força dos bancos japoneses.

As economias do Japão, da Coreia do Sul e de Taiwan demonstram uma diversidade de redes de empresas institucionalizadas e lógicas diferentes subjacentes às suas estruturas, mas todas elas se baseiam em relações de rede. As empresas japonesas adoptam uma *lógica comunitária,* as empresas coreanas representam uma *lógica patrimonial* e as empresas de Taiwan reflectem uma *lógica patrilinear*. Isto tem implicações importantes para as formas de organização do trabalho, o carácter das relações de subcontratação entre empresas, os padrões de investimento e outras actividades empresariais. Cada uma das lógicas de rede é uma manifestação da base cultural comum e dos padrões de interação confucionistas, através dos quais a maioria das esferas socioeconómicas da vida foi organizada.

Alguns paralelos dos padrões socioeconómicos organizacionais da Ásia Oriental podem também ser encontrados em certas economias ocidentais. No Japão e na Alemanha, o legado do feudalismo conduziu, nos tempos modernos, a fortes classes de elite e a sólidas alianças entre as empresas privadas e o Estado, que maximizaram a utilidade das instituições públicas e privadas. Em Taiwan e Itália, onde o Estado é muito mais fraco e as estruturas familiares são mais fortes, as organizações económicas modernas cooperam em redes horizontais com fortes traços de cooperação ao nível das pequenas e médias empresas. Na Coreia do Sul e em França, a tradição histórica de um Estado central forte e de elites regionais fragmentadas conduziu ao "papel dirigista" do governo central na definição da sua estrutura económica e industrial[67] .

1.3. Ambiente de governação na Ásia Oriental

As actividades económicas não funcionam no vácuo, são antes moldadas pelo ambiente de governação de cada sociedade, que tem um enorme impacto na forma de fazer negócios.

O estilo de governação nas economias da Ásia Oriental durante o período de industrialização era muito diferente das práticas ocidentais e pode ser descrito como

67 Macro Orrù, Nicole Woolsey Biggart, Gary G. Hamilton: A Organização Económica do Capitalismo da Ásia Oriental. Página 382. Publicações SAGB, 1997. ISBN: 0-7619-0479-4 (alk. Paper), ISBN: 0-7619-0480-8 (pbk: Alk. Paper)

um sistema "baseado em relações" versus um sistema "baseado em regras".[68]

As sociedades ocidentais tendem a seguir regras públicas, como a lei, os regulamentos governamentais e a informação pública. Recorrem a contratos formais, tribunais, advogados e contabilistas para efetuar transacções e proteger os seus interesses. Pode dizer-se que se trata de uma "governação baseada em regras". As sociedades confucionistas, ao contrário das ocidentais, baseavam-se ainda, num passado recente, nas relações pessoais para efetuar negócios. Os contratos eram garantidos mais através de acordos entre cavalheiros do que através de papel escrito, os litígios eram resolvidos em privado e a informação pública não era considerada tão fiável como o contacto pessoal. É a chamada "governação baseada em relações". A comunicação e os acordos baseados em regras são explícitos e formais, podem ser verificados por terceiros, os documentos e os procedimentos são normalizados. A comunicação e os acordos baseados nas relações são informais e implícitos, mas cada parte compreende perfeitamente o que implicam. É difícil de ser verificado por terceiros e não pode ser aplicado num tribunal.

A governação baseada em regras e a governação baseada em relações representam dois tipos de ambiente de governação que implicam custos sociais e empresariais diferentes. Para que a governação baseada em regras funcione eficazmente, a sociedade tem de fazer investimentos para estabelecer uma infraestrutura política e jurídica de grande complexidade. Uma vez estabelecida, quer esta infraestrutura seja utilizada num ou em milhões de casos, os custos permanecerão sempre aproximadamente os mesmos. Em termos económicos, o sistema baseado em regras tem custos fixos elevados, mas custos incrementais decrescentes. Em contrapartida, a governação baseada em relações envolve custos fixos baixos, exige uma infraestrutura jurídica mínima, mas tem custos incrementais crescentes. As partes da governação baseada em relações podem evitar temporariamente os elevados custos de investimento inicial associados à criação de uma infraestrutura jurídica completa, uma vez que confiam a sua proteção às suas ligações privadas e não ao sistema jurídico público.

Os baixos custos fixos do sistema de governação baseado em relações dos países da Ásia Oriental foram um dos elementos que contribuíram para o seu sucesso económico, embora o sistema fosse pouco transparente, imperfeito e com uma grande margem para a corrupção.

A dinâmica do crescimento dos negócios e o cultivo de relações comerciais com o mundo exterior através de redes globais afectaram as economias baseadas em relações da Ásia Oriental. Este processo levou-os imperativamente a adotar mais regras de governação e transformou-os gradualmente em várias fases de economias baseadas em regras. No entanto, as antigas tradições permaneceram profundamente enraizadas nas sociedades da Ásia Oriental até hoje e os sistemas baseados em relações funcionam em paralelo como o "fator de eminência sombra" na sua cultura

---

68 Shaomin Li: Gestão de Negócios Internacionais em Países Baseados em Relações versus Países Baseados em Regras. Página 1. Publicado por Business Expert press, 2009. ISBN-13: 978-1-60649-084-6 (pbk)

empresarial.

2. Governantes autoritários, homens de negócios e força de trabalho na Ásia Oriental

2.1. . Governantes autoritários e líderes empresariais

A história mostra que, entre as décadas de 1970 e 1990, os governos altamente autoritários de alguns países do Leste Asiático, como a Coreia do Sul, a China, Taiwan, Singapura, mas também a Malásia e a Indonésia, fizeram um melhor trabalho na redução da pobreza do que as democracias na Índia e nas Filipinas. Esta questão contribuiu para um dos temas mais controversos - se o rápido sucesso económico dos mercados emergentes seria possível sem um regime autoritário.

O pensamento pró-autoritário argumenta que, na fase de desenvolvimento da industrialização, os governos autoritários isolam os tecnocratas das potenciais pressões impostas pelos políticos, grupos cívicos e interesses empresariais, permitindo-lhes implementar estratégias de crescimento a longo prazo sem se preocuparem com as repercussões políticas a curto prazo. A Apologia vai mais longe, argumentando que os governos autoritários também permitem decisões rápidas, ao passo que as democracias, por outro lado, são demasiado fracturadas e os seus políticos demasiado susceptíveis às preocupações dos seus eleitores para prosseguirem uma política consistente necessária para alcançar um crescimento económico rápido.[69] A verdade é que os regimes autoritários diferem de caso para caso, alguns deles eram orientados para os negócios e menos corruptos, outros estavam apenas interessados em cimentar os seus poderes à maneira de Maquiavel. O seu papel não deve ser generalizado e a sua controvérsia deve ser analisada numa perspetiva de curto e longo prazo e através de uma avaliação equilibrada da sua contribuição para as realizações económicas, bem como do seu historial de crimes contra os direitos humanos. Os regimes autoritários dos países da Ásia Oriental, por um lado, deprimiram as liberdades civis dos seus povos e, por outro lado, ironicamente, ao acelerarem o desenvolvimento económico, acabaram por contribuir para os processos de democratização gradual. Serão recordados tanto como facilitadores económicos como como ditadores.

Os líderes autoritários de economias bem sucedidas da Ásia Oriental, como Lee Kuan Yew, de Singapura, Park Chung-hee, da Coreia do Sul, e Chiang Kai-schek, de Taiwan, enfrentaram condições económicas e políticas muito semelhantes. Nenhum deles era economista por natureza ou por experiência. Não se guiaram pela ideologia ou pelos manuais, mas pelo simples pragmatismo, foram menos ideológicos do que muitos outros dirigentes de países em desenvolvimento e mais abertos à adaptação das políticas às necessidades das suas economias. Em vez de teorias, seguiram o seu instinto, a sua mentalidade foi orientada para o que é útil para fazer as coisas funcionarem. Implementaram políticas integradas na construção social tradicional e aproveitaram eficazmente o potencial de trabalho das massas. Isto não quer dizer que

---

69 Michael Schuman: O Milagre: A História Épica da Busca da Riqueza na Ásia. Página 31. Publicado por HarperCollins Publisher, 2009. ISBN: 978-0-06-134669-9

tenham sido heróis. Suprimiram a democracia e os direitos humanos e recorreram a medidas drásticas para consolidar o seu domínio, tendo alguns deles sido culpados de corrupção em grande escala. Embora seja impossível justificar as suas acções, é igualmente impossível negar os resultados económicos que alcançaram.

Para além do papel controverso dos regimes autoritários durante o processo de industrialização das economias da Ásia Oriental, é importante não omitir o papel dos líderes empresariais. A região da Ásia Oriental foi abençoada, desde a década de 1950, por vários homens de negócios dedicados, determinados e inventivos que, em grande medida, acreditavam que o seu próprio sucesso dependia do sucesso económico do país. A sua forte visão, criatividade e capacidade de competir nos mercados internacionais foram cruciais para o sucesso económico da Ásia Oriental. O génio da eletrónica Akio Morita e o inovador automóvel Soichiro Honda, do Japão, o fabricante de plásticos Li Kaoshing, de Hong Kong, o industrial Chung Ju Yung, da Coreia do Sul, os empresários do sector informático Stan Shih, de Taiwan, e ainda Liu Chuanzhi, da China, alteraram para sempre o mercado mundial, construindo empresas de dimensão internacional contra todas as probabilidades.

2.2. Mentalidade da força de trabalho "para seguir"

Nenhuma liderança ou técnica de gestão será bem sucedida se as pessoas não as seguirem ou se recusarem a organizar-se. Os asiáticos orientais foram bem sucedidos porque tinham fome de sucesso, eram pacientes e trabalhavam arduamente para obter pequenos ganhos. Apresentavam determinados padrões de comportamento baseados nos valores confucionistas que contribuíram substancialmente para o seu sucesso económico. Entre os seus principais princípios contavam-se a ênfase na ordem social, o respeito pela hierarquia, a autodisciplina, a excelência burocrática, a devoção a uma forte ética de trabalho e à educação, elementos que, juntamente com a propensão para poupar em vez de gastar (acumulação de capital para investimentos industriais), lançaram as bases para o desenvolvimento económico. O sucesso das economias do Leste Asiático assentou nas costas das pessoas, com a sua capacidade de se mobilizarem em torno dos seus líderes, tanto a nível governamental como empresarial, bem como nos seus desejos de se melhorarem a si próprias e de elevarem os padrões de toda a sua sociedade. Neste contexto, o aspeto mais marcante foi a mobilização da mão de obra através de uma política de "grande impulso" do Presidente sul-coreano Park Chung-hee, que se baseou na disciplina confucionista e no nacionalismo de Estado e apelou à população para que se comportasse como soldados industriais (*saneop jeonsadeul*)[70] para atingir os objectivos económicos.

Após a Segunda Guerra Mundial, as economias da Ásia Oriental sofreram, de um modo geral, com a falta de pequenas e médias empresas capazes e qualificadas. Ao contrário das sociedades ocidentais, com uma classe média relativamente desenvolvida que aproveita ativamente as oportunidades de negócio, a economia da Ásia Oriental teve de recorrer, para além dos incentivos, a métodos de "empurrão". Este teorema não pode ser aplicado com a mesma força a todos os países da Ásia

70 Daniel Tudor: Coreia - O País Impossível. Página 172. Publicado por Tuttle Publishing, 2012. ISBN: 978-0-8048-4252-5

Oriental. A Coreia do Sul e Singapura estavam no lado mais fraco deste modelo e o que era possível conseguir através de incentivos em Taiwan, Hong Kong e Japão, tinha de ser feito nestes dois países através de instruções e controlo. Especialmente no caso da Coreia do Sul, este tipo de mobilização contribuiu mais para a criação da indústria sul-coreana do que outras iniciativas.

O papel da classe média nas actividades económicas foi recentemente demonstrado nos esforços de transformação dos países da Europa Central do comunismo e da economia planificada para a democracia e a economia de mercado. Esta classe social, representada nas forças de mercado por pequenas e médias empresas, pareceu ser a principal força motriz do êxito do seu processo de transformação após o colapso do comunismo. A maturidade deste escalão socioeconómico e a sociedade civil que dele deriva funcionam como fonte de instituições intermediárias que fazem a ponte entre a elite e as massas da sociedade. O equivalente funcional da sociedade civil ocidental nas sociedades confucionistas da Ásia Oriental era, até certo ponto, o conjunto de famílias estáveis e prósperas, juntamente com os seus grupos de apoio (associações de clãs, grémios, comissões hospitalares, etc.). Estes grupos funcionavam como uma espécie de estrutura cívica institucional das sociedades da Ásia Oriental, proporcionando às pessoas segurança socioeconómica e fomentando a confiança. A "maturidade" que faltava às pequenas e médias empresas, enquanto representantes da classe média ocidental, em termos de competências empresariais, experiência e atitudes empresariais activas, foi compensada nas economias da Ásia Oriental pela ética, disciplina e ordem hierárquica confucionistas e, no caso da Coreia do Sul, por métodos de "empurrão" para atingir os objectivos económicos.

3. Pontos comuns e diferenças das políticas económicas da Ásia Oriental

Existem abordagens comuns, mas também diferenças substanciais nas políticas económicas dos países da Ásia Oriental. As disparidades são evidentes, pelo menos no que respeita ao papel do governo e ao papel dos investimentos estrangeiros nos esforços de industrialização.

O Japão e a Coreia do Sul, com fortes políticas nacionalistas, concentraram-se na construção das suas indústrias com base nas suas próprias empresas privadas nacionais, "escolhendo os vencedores" e apoiando-os. Singapura não acreditava na sua própria capacidade de construir uma indústria e, desafiando a lógica "desenvolvimentista" da época, concentrou-se na criação de um ambiente empresarial para atrair investimentos estrangeiros. Hong Kong não adoptou uma política asiática de "comando" do governo nas empresas, não "escolheu vencedores" como no Japão ou na Coreia do Sul e contribuiu para o seu êxito através de uma política inteligente e da criação de condições orientadas para as empresas. Os tecnocratas de Taiwan prestaram uma assistência notável para fazer progredir o sector eletrónico de Taiwan, mas foram sobretudo os esforços do sector privado que proporcionaram um crescimento sustentado.

Os "pioneiros" da Ásia Oriental (Japão, Coreia do Sul, Hong Kong, Taiwan, Singapura) não dispunham de recursos naturais e tinham de importar matérias-primas, incluindo petróleo bruto, para sobreviver. Todos eles, com exceção do Japão, tinham uma população pobre e pequena, incapaz de sustentar a indústria por si só. Estes factores obrigaram-nos a recorrer à economia internacional. Ligaram as suas economias ao mercado mundial de forma mais estreita do que outros países emergentes. Optaram por uma estratégia de crescimento "orientada para a exportação" que foi talvez o elemento mais importante das suas políticas de crescimento rápido. Embora hoje pareça senso comum, a via das exportações não era vista dessa forma nas décadas de 1950 e 1960. Esta política era considerada herética nos círculos de desenvolvimento porque os especialistas em desenvolvimento defendiam a restrição do comércio e do investimento estrangeiro, procurando a "substituição de importações" para se desligarem da economia mundial e evitarem a dependência dos antigos senhores coloniais. Estas ideias vingaram em grande parte da América Latina e de África. Além disso, a emergência da União Soviética como superpotência após a Segunda Guerra Mundial estava a proporcionar uma alternativa não capitalista ao desenvolvimento. A opção da Ásia Oriental de se agarrar às forças da globalização e ignorar a sabedoria económica dominante é uma das políticas-chave que ajudaram a concretizar o "milagre". Como escreveu Paul Krugman, "a economia global não foi, como muitos teóricos da "dependência" afirmaram, manipulada contra os retardatários".[71]

Depois de as políticas fundamentais terem sido adoptadas pelos "pioneiros", foram disseminadas por toda a Ásia. O processo começou com o Japão, que forneceu uma espécie de "roteiro" para o desenvolvimento que muitos países da Ásia Oriental seguiram de alguma forma. Até Deng Xiaoping, na China, e Mahathir Mohamad, na Malásia, foram influenciados por estas políticas.

3.1. Japão

O sistema de desenvolvimento do Japão tomou forma em meados da década de 1950 e baseava-se no papel preponderante do Estado no processo de industrialização (mais tarde conhecido como *modelo asiático*). O Ministério da Indústria e do Comércio (MITI) actuava como "centro de comando" da economia, com uma enorme autoridade formal. A política económica do Japão era concebida e aplicada principalmente por burocratas de carreira, ao contrário dos EUA, onde os líderes eleitos têm maior influência. Para criar novas vantagens comparativas, o Japão empurrou a economia para a indústria pesada através da intervenção do Estado e da garantia dos recursos financeiros necessários ("política industrial"). [th]Tal como nos EUA em finais do século XVIII, quando A. Hamilton defendia a necessidade de ajuda extraordinária e de proteção das indústrias vitais para os interesses nacionais dos EUA, a fim de assegurar a sua capacidade de competir com as economias mais avançadas da Europa,[72] o Japão escolheu os "vencedores", visando certas indústrias com potencial de crescimento que poderiam tornar-se globalmente competitivas. Os primeiros "vencedores" eram grandes grupos empresariais chamados *keiretsu,*

71 Paul Krugman: Why Adam Smith Would Love Asia. Time (edição asiática), 23 a 30 de agosto de 1999.

72 Ron Chernow: Alexander Hamilton. Página 377. Publicado pela Penguin Books. Nova Iorque, 2004. ISBN: 1-59420-009-2

responsáveis por dar vida à política industrial do MITI, reconhecidos mundialmente como Mitsubishi, Sumitomo, Fuji, Mitsui, etc. Cada um deles tinha um banco e uma empresa de comércio no seu núcleo, com várias empresas industriais ligadas à sua volta através de participações cruzadas. O MITI perdeu alguns poderes legais na década de 1960, mas manteve outras alavancas de controlo na economia através da "orientação administrativa" (comando das finanças).

O segredo do "modelo" japonês era a ligação entre a intervenção do Estado e as forças de mercado, diferente da maioria dos países emergentes. A aceitação da influência dos mercados globais na estratégia de desenvolvimento foi um elemento que outras economias lideradas pelo Estado ignoraram frequentemente. Desde o início, o seu projeto foi orientado para tornar o Japão globalmente competitivo. A exportação era considerada uma tábua de salvação para o Japão e é por isso que a política industrial estava intimamente ligada às exigências do comércio internacional. A livre concorrência era considerada pelos japoneses como a melhor medida para explorar a criatividade humana. O Japão estava a criar indústrias nacionais e a restringir cuidadosamente o afluxo de investimento estrangeiro, considerando que este poderia sufocar o avanço das empresas japonesas. Embora o MITI desempenhasse um papel fundamental no êxito económico japonês, não se deve menosprezar o papel dos empresários, da microgestão empresarial, das pequenas empresas e das famílias a nível das bases, a sua pronta resposta às condições do mercado e a atitude dos trabalhadores japoneses, que eram igualmente importantes. A escala da contribuição das empresas japonesas para o sucesso económico do Japão está documentada pelas histórias de algumas das indústrias mais bem sucedidas (motociclos, robótica, eletrónica de consumo) que prosperaram sem assistência significativa do MITI. A "Sony" também faz parte destas histórias. O nacionalismo japonês e a lógica comunitária fizeram com que as políticas económicas japonesas funcionassem como uma entidade monolítica em que o governo, as empresas e os bancos actuavam como departamentos coordenados da corporação "Japan Inc.".

3.2. Coreia do Sul

O Presidente Park Chung-hee (1961 - 1979), que liderou a Coreia do Sul durante 18 anos, foi um ditador. Deixou um duplo legado - um sucesso económico espantoso e a repressão política. Acreditava que a experiência democrática na Coreia, nos anos 50, ao contrário dos sistemas políticos do Ocidente, não tinha surgido naturalmente no decurso do desenvolvimento da sociedade. Estava convencido de que tinha sido imposta do exterior e que os coreanos pré-modernos empobrecidos não tinham podido usufruir dos frutos desse sistema. A seu ver, a liberdade política não significava nada sem crescimento económico e a Coreia precisava de desenvolver uma economia forte antes da democracia.

A obsessão de Park pelo desenvolvimento económico foi motivada, entre outras coisas, pelas suas preocupações com a segurança, segundo as quais só um Estado industrializado é um Estado forte, capaz de construir um exército armado. Acreditava que o desenvolvimento económico não podia ser confiado apenas ao sector privado (que não dispunha de competências e recursos suficientes para construir uma economia forte) e que devia ser apoiado pelo Estado. A Coreia imitou o modelo japonês de capitalismo - escolhendo os "vencedores" e apoiando-os através de financiamento. Nenhuma nação beneficiou mais do sucesso japonês do que a Coreia do Sul. Park levou o modelo japonês a um nível muito mais elevado de centralização e controlo estatal. O seu método era a política do "Big Push" e comportava-se como um comandante da linha da frente, monitorizando o progresso de cada projeto e sendo obcecado pelo cumprimento dos prazos e da qualidade. Park estabeleceu relações com um punhado de líderes empresariais que implementaram o plano industrial em sectores seleccionados. À semelhança do Japão, Park escolheu os "vencedores" e fomentou os enormes conglomerados que vieram a dominar a economia - *os chaebols*. Estes grupos empresariais familiares assemelhavam-se aos *keiretsu* japoneses e tornaram-se os motores do crescimento da Coreia (Samsung, Hyundai, LG e outros). Embora protegidos a nível interno, foram forçados, tal como *os keiretsu* no Japão, a competir internacionalmente com empresas globais mais avançadas desde a fase inicial. Seguindo o exemplo japonês, o Presidente Park combinou uma economia dirigida pelo Estado com um mercado global. O sistema estava longe de ser perfeito, mas conseguiu forçar *os chaebols* a esforçarem-se por se destacarem. Este foi um dos factores-chave da história do desenvolvimento da Coreia. Em apenas trinta anos, os sul-coreanos transformaram uma nação mais pobre do que a Libéria ou o Zimbabué num membro do clube dos países ricos (OCDE).

3.3. Singapura

O fator constante ao longo de toda a história de Singapura foi o combativo e altamente pragmático Primeiro-Ministro Lee Kuan Yew, que liderou Singapura durante 30 anos (1959 - 1990). Singapura adoptou alguns aspectos do modelo de desenvolvimento, tal como praticado no Japão e na Coreia do Sul, principalmente um papel importante do Estado na economia, mas a versão de Singapura tinha algumas diferenças cruciais. O desvio mais importante em relação às políticas japonesa e coreana foi a utilização do investimento estrangeiro para gerar um crescimento rápido. Singapura substituiu as actividades empresariais dos *chaebols* na Coreia do Sul ou dos *keiretsu* no Japão por empresas multinacionais estrangeiras e associou muito mais o futuro de Singapura às forças da globalização. A sua estratégia baseava-se na interação entre a intervenção governamental e a integração na economia global, apoiando simultaneamente o fluxo de capitais estrangeiros para o país. Esta abordagem diferia Lee dos líderes japoneses e sul-coreanos, cuja prioridade era criar as suas próprias empresas de classe mundial. Lee não confiava que as forças de mercado nacionais conseguissem desenvolver Singapura com a rapidez suficiente através de empresas nacionais. Acreditava que o Estado tinha de intervir no desenvolvimento económico. Lee transformou o governo numa máquina de promoção do investimento estrangeiro e reforçou a confiança dos investidores estrangeiros, algo que o nacionalista xenófobo sul-coreano Park Chung-hee nunca permitiu. Na altura, este tipo de pensamento era radical, porque muitos economistas do desenvolvimento e líderes da era pós-colonial consideravam as empresas multinacionais, especialmente as americanas, como portadoras de neocolonialismo, explorando os recursos e a mão de obra das nações pobres. O fator crucial por detrás do êxito de Lee foram os investimentos estrangeiros que entraram no país. O ponto de partida de Singapura foi um simples princípio orientador para a sobrevivência - ser mais bem organizado e mais eficiente do que outros na região para atrair investimentos estrangeiros. Esta foi também uma das razões pelas quais Lee se concentrou na construção de um "ambiente de meritocracia" - um sistema em que quanto mais as pessoas se educam e formam, desenvolvem competências e contribuem para a economia, mais são recompensadas. Em consequência, Singapura conseguiu comprimir o padrão de desenvolvimento do Japão e da Coreia do Sul, transformando-o em indústrias de capital intensivo e de elevadas competências.

Lee Kuan Yew era um defensor dos *valores asiáticos* subjacentes ao sucesso económico da Ásia Oriental. Lee defendia que a cultura e o sucesso económico estão ligados. Se não existir uma cultura que valorize a aprendizagem e o trabalho árduo e o adiamento do usufruto presente para obter ganhos futuros (valores confucionistas), o progresso será muito mais lento. Lee rejeitou os princípios fundamentais da democracia ocidental, argumentando que o pressuposto de que todos os homens são iguais e capazes de contribuir da mesma forma para o bem comum é incorreto. O principal objetivo das sociedades orientais, na opinião de Lee, é ter uma sociedade bem ordenada. O Estado de direito e não a democracia é o que os asiáticos de Leste precisam, não as liberdades individuais.

3.4. Hong Kong

A história do milagre económico de Hong Kong suscita questões sobre a validade do chamado *modelo asiático* de desenvolvimento (industrialização liderada pelo Estado). Os defensores deste modelo acreditam que a política estatal acelerou não só o crescimento de muitas economias asiáticas, mas também contribuiu para uma mudança da sua estrutura para indústrias de elevado valor acrescentado e de maior intensidade tecnológica[73] e que tal nunca aconteceria tão rapidamente num sistema de mercado puramente livre sem intervenção estatal. Contrariamente a esta convicção, o caso de Hong Kong demonstrou que tal era possível.

Hong Kong tornou-se o "tigre" do Leste Asiático não devido à intervenção do governo, mas aos mercados livres, ao comércio livre e às forças da globalização. O governador britânico de Hong Kong e a sua pequena equipa contribuíram para o desenvolvimento, não através de políticas de comando e de controlo estatal, mas através de uma política inteligente, criando um ambiente económico estável, eficiente, aberto e isento de corrupção, semelhante ao de Singapura, que atraiu os homens de negócios para construírem as suas empresas em Hong Kong. O perfil económico de Hong Kong baseava-se em muitos pequenos industriais apoiados por fortes empresas financeiras e comerciais, muito diferente das políticas japonesas e sul-coreanas que estavam a tentar mudar a natureza das suas economias através da construção de indústrias pesadas e de alta tecnologia. Li Ka-shing foi um desses empresários que capitalizou o regime económico liberal de Hong Kong e desencadeou o milagre de Hong Kong.

---

73 Michael Schuman: O Milagre: A História Épica da Busca da Riqueza na Ásia. Página 100. Publicado por HarperCollins Publisher, 2009. ISBN: 978-0-06-134669-9

3.5. Taiwan

Taiwan seguiu o conceito de Estado intervencionista. Embora os tecnocratas de Taiwan não tenham adotado por completo o estilo japonês e coreano de industrialização dirigida pelo Estado, desempenharam um papel muito mais instrumental na orientação do desenvolvimento económico do que os funcionários britânicos em Hong Kong.

As economias de Taiwan e de Hong Kong são, em muitos aspectos, semelhantes - ambas eram compostas por um grande número de pequenas empresas, fortemente dependentes das exportações, obtinham grande parte da sua atividade através da externalização de empresas estrangeiras e desenvolveram fortes indústrias de eletrónica de consumo aproximadamente ao mesmo tempo. Uma das principais diferenças entre Taiwan e Hong Kong era a política governamental. O governo de Taiwan apoiou fortemente o desenvolvimento do seu sector eletrónico e das suas indústrias tecnológicas, enquanto os funcionários públicos de Hong Kong aplicaram uma política geral pró-empresarial sem visar indústrias específicas. Taiwan decidiu construir a sua economia com base nas tecnologias de ponta, consideradas como a melhor forma de continuar a prosperar. Ao longo dos anos, Taiwan ultrapassou Hong Kong e as suas empresas avançaram mais rapidamente para um nível mais elevado de tecnologias, uma vez que possuíam melhores competências em matéria de conceção de produtos e I&D. As empresas electrónicas de Hong Kong mantiveram, na sua maioria, o seu modelo empresarial original, mais orientado para a mão de obra de baixo custo e mais centrado na flexibilidade de fabrico do que em níveis elevados de capacidades tecnológicas.

4. Acabar com a "armadilha" do rendimento médio

Há vários casos de desenvolvimento económico notável e de rápida industrialização dos "retardatários" após a Segunda Guerra Mundial, mas só alguns deles conseguiram escapar à *armadilha do rendimento médio*. As economias da Ásia Oriental mostraram que isso é possível.

São vários os factores que contribuíram para que as economias da Ásia Oriental conseguissem ultrapassar esta "armadilha". O modelo económico de "escolher os vencedores" e apoiá-los com financiamento e barreiras de proteção funcionou no Japão e na Coreia do Sul. Os "vencedores" cresceram através de redes de negócios e conseguiram investimentos de capital na medida em que puderam desenvolver as suas próprias capacidades de inovação tecnológica. Esta era uma posição de arranque importante para a ligação estratégica a redes empresariais globais. A política orientada para a exportação de todas as economias da Ásia Oriental obrigou esta região a concentrar-se em normas tecnológicas mais elevadas que a ajudaram a "apanhar" os desafios tecnológicos e a modernização do Ocidente. A exposição global foi um fator importante para abrir as portas às tecnologias de ponta. O fluxo de investimentos estrangeiros para a região, sobretudo para Singapura, Hong Kong e Taiwan, desempenhou outro papel facilitador. Ao longo das décadas, as empresas americanas têm fabricado os seus produtos em indústrias cada vez mais avançadas por fabricantes da Ásia Oriental, incluindo computadores e eletrónica de alta tecnologia. A principal razão para esta mudança foi o custo da mão de obra, o ambiente económico estável, os regimes regulamentares pró-empresas e o clima de investimento que acolhe os empresários estrangeiros mais do que noutros locais do mundo em desenvolvimento. As indústrias transformadoras não se deslocaram para África, para o Médio Oriente ou para a América Latina a um nível tão elevado como para a Ásia Oriental. O entusiasmo pela educação baseada nos valores confucionistas deu um grande impulso ao envio de estudantes para universidades de renome no estrangeiro e à criação de um sistema de ensino de qualidade no país. O potencial humano com um elevado nível de formação trouxe à Ásia Oriental a capacidade de gerir tecnologias mais avançadas e de progredir com as suas próprias inovações, o que constituiu um pré-requisito para quebrar a armadilha do rendimento médio.

Como já foi provado em muitas economias, a adaptação da tecnologia não é independente das competências e capacidades humanas. É possível importar tecnologias de outros países, mas o seu êxito depende, em grande medida, da forma como se integram na estrutura organizacional da sociedade de acolhimento, das capacidades de gestão que o país possui e do potencial humano para utilizar, manter e inovar. Os valores confucionistas das sociedades da Ásia Oriental, com uma forte ênfase na educação e com políticas de exposição global, deram frutos em termos de gestão de tecnologias de ponta e de acesso a indústrias de maior valor acrescentado.

Conclusão

As organizações económicas não se desenvolvem independentemente do resto da sociedade, pelo contrário, estão inseridas e crescem a partir das forças sociais, políticas e institucionais que existem em cada sociedade. Existem vários padrões organizacionais que surgiram ao longo das modernas economias de mercado. Estes são moldados pela história, economia política, traços culturais e condições estruturais sociais de cada país.

Os países da Ásia Oriental desenvolveram padrões de comportamento e construções sociais que se manifestaram em modos de organização específicos das suas economias. Alguns requisitos técnicos que os ocidentais consideram cruciais para o êxito dos mercados ocidentais não estão frequentemente presentes na Ásia. Os mercados da Ásia Oriental adoptam lógicas institucionais diferentes das das economias ocidentais. A sua lógica assenta em ligações, linhas de relacionamento e redes e acreditam que, ao contrário das economias ocidentais que mantêm a autonomia entre os actores, as relações sociais entre os actores económicos não impedem o funcionamento do mercado, antes o promovem. As relações comerciais nas economias da Ásia Oriental manifestam-se de múltiplas formas a nível interpessoal, mas são vistas de forma dramática e mais importante nas redes de empresas. Cada país da Ásia Oriental tem uma lógica diferente subjacente à estrutura destas redes, o que confere a cada uma delas um carácter distintivo.

Uma concetualização mais ampla das economias da Ásia Oriental mostra que o "segredo" por detrás do sucesso económico da Ásia Oriental não é meramente a questão das políticas económicas em si. A verdade é que o crescimento da Ásia Oriental foi gerado através da execução competente de políticas adequadas, com o papel central do governo na maioria das economias predominantes, mas o ponto-chave por detrás do seu sucesso é a questão da eficácia das políticas económicas e a filosofia subjacente a este fenómeno é a integração destas políticas em padrões sociais e modos de comportamento que serviram de vantagem comparativa estratégica das economias da Ásia Oriental.

Part IV

Chineses ultramarinos: como nasceu o capitalismo chinês e como sobreviveu

Migração chinesa e especificações comerciais

Introdução ao tema

Uma parte significativa da literatura sobre os processos de industrialização da Ásia Oriental é dedicada a estudos comparativos com a abordagem padrão que examina os países através das perspectivas da cultura, da economia e da política. A conclusão habitual destas abordagens é que o "Estado" desempenhou um papel importante em todos os casos de industrialização bem sucedida da região da Ásia Oriental. Os Estados, os mercados e as culturas são, de facto, unidades importantes e apropriadas para explicar as transformações económicas da Ásia Oriental no período pós-Segunda Guerra Mundial, mas há algumas questões que não se enquadram nestes pressupostos. Uma das mais notórias é o fenómeno do "capitalismo chinês ultramarino", que não está confinado às fronteiras do Estado nem ao quadro do período pós-Segunda Guerra Mundial.

A forma de fazer negócios dos chineses ultramarinos tem características específicas e padrões organizacionais que os distinguem de todos os outros países e comunidades empresariais. É tão específico que merece uma atenção especial. Os chineses ultramarinos têm-se espalhado por toda a orla do Pacífico até à costa ocidental dos EUA, em especial no Sudeste Asiático. Começaram a migrar muito antes da Segunda Guerra Mundial e mantêm a sua mentalidade chinesa e as suas redes comerciais nos novos países e territórios.

O estudo centra-se nos elementos básicos que contribuíram para a formação do sistema empresarial chinês ultramarino e dá a conhecer os seus modelos de organização, padrões de ligação, actividades económicas, abordagens empresariais comportamentais e práticas empresariais no contexto da evolução histórica, bem como contribui para a perceção do papel das comunidades chinesas ultramarinas no desenvolvimento económico dos países.

1. Migração chinesa para o estrangeiro

Os chineses ultramarinos são definidos no estudo como todos os chineses que não vivem na República Popular da China. A sua maior concentração encontra-se sobretudo no Sudeste Asiático, mas também em muitas ilhas da orla do Pacífico e na costa ocidental dos EUA. Os locais mais dominados são os do Sudeste Asiático, nomeadamente Taiwan, Hong Kong e Singapura.

O capitalismo chinês no estudo é o termo relacionado com os padrões e mecanismos de organização empresarial das comunidades chinesas ultramarinas.

A compreensão do capitalismo chinês necessita de uma abordagem um pouco mais historicamente fundamentada das dimensões temporal, espacial e organizacional e de partir do momento histórico da migração chinesa que criou as comunidades chinesas ultramarinas. Houve várias grandes vagas de migração chinesa, mas a mais relevante para o estudo é a migração que teve início após a Guerra do Ópio (1842), quando a

China se abriu ao Ocidente e os chineses começaram a migrar para todo o mundo em busca de fortuna. Os chineses emigravam para onde quer que fosse possível ganhar dinheiro, procurando ouro na Califórnia e na Austrália nas décadas de 1850 e 1860, tornando-se trabalhadores assalariados na construção de canais e caminhos-de-ferro, comerciantes e promotores agrícolas. A maioria, porém, emigrou para as zonas costeiras chinesas e para o Sudeste Asiático - Tailândia, Península Malaia, Filipinas, Indochina, Java e outras ilhas indonésias - através de toda a região onde era possível ganhar dinheiro. Gradualmente, tornaram-se figuras importantes no comércio entre os países asiáticos e também com o Ocidente.[74] Tudo isto aconteceu tanto na China como no Sudeste Asiático sem o apoio e a coordenação de um Estado.

thA China permaneceu economicamente atrasada no final do século XIX e no início do século XX, sem um desenvolvimento capitalista significativo, e o contraste entre o Japão e a China é fundamental para a interpretação do desenvolvimento industrial moderno da Ásia Oriental. Enquanto o Japão desenvolveu durante esse período capacidades industriais bastante precoces e exércitos e marinhas modernos, capazes de travar guerras bem sucedidas contra a Rússia (1905) e a China (1985), a China, pelo contrário, mesmo com algumas tentativas de construir uma indústria pesada, não foi particularmente bem sucedida e perdeu todas as guerras desde a época das Guerras do Ópio, na década de 1840, até à Segunda Guerra Mundial.

A construção de indústrias pesadas é uma componente importante da projeção da força económica de um país e um dos critérios importantes para avaliar as condições de desenvolvimento do capitalismo no país, mas se olharmos para Hong Kong, Singapura e Tai-wan de hoje, estes países lideram o mundo com um elevado rácio de exportações de produtos manufacturados em relação à sua produção total e, particularmente no caso de Singapura e Hong Kong, não seguiram o caminho das indústrias pesadas. Pelo contrário, estas áreas da economia mundial dominadas pela China baseiam-se antes em pequenas e médias indústrias de dimensão modesta que produzem produtos de consumo não duráveis como vestuário, calçado, televisores, calculadoras, computadores, telemóveis, etc., que saturam largamente os mercados mundiais. Para além disso, as comunidades empresariais chinesas na Malásia, na Birmânia, na Tailândia, na Indonésia e em alguns outros países da orla do Pacífico, apesar de serem consideradas "intrusas" da migração e de sofrerem de uma atitude de aversão por parte da população autóctone e mesmo de políticas discriminatórias, detêm uma parte crucial do bolo económico destas economias. Mesmo em alguns países europeus e na costa oeste dos EUA, os chineses ultramarinos desempenham um papel importante nos serviços e nas vendas a retalho.

Todos estes elementos de sucesso das áreas dominadas pelos chineses no Sudeste Asiático e das comunidades empresariais chinesas no estrangeiro levantam a questão de saber por que razão as comunidades chinesas no estrangeiro são tão bem sucedidas e se o poder centralizado do Estado é uma condição necessária para o sucesso

74 Tan Chee-Beng, Colin Storey, Julia Zimmerman (2007): Chinese Overseas: Migration, Research and Documentation. Imprensa da Universidade Chinesa. Impresso em Hong Kong. ISBN: 978-962-328-6.

capitalista. A via chinesa ultramarina para o capitalismo mostra que estes dois factores não estão necessariamente condicionados um pelo outro.

2. Fundamentos do capitalismo chinês

Os chineses, em termos das suas abordagens empresariais e da sua mentalidade orientada para o lucro no sector privado, já eram "capitalistas" muito antes da industrialização de Taipé, Hong Kong e Singapura. Por outro lado, é necessário reconhecer que a formação do capitalismo chinês ultramarino foi sincronizada com a dinâmica do próprio capitalismo mundial como sua parte integrante e que não pode ser entendida como o produto interno do crescimento económico autóctone de um país.

Para compreender melhor o capitalismo chinês, é útil compará-lo com o desenvolvimento do capitalismo do Japão. A China e o Japão representam duas versões diferentes de capitalismo que surgiram mais ou menos em simultâneo com a abertura das suas economias ao mundo global. As suas reacções à difusão do capitalismo ocidental foram ambas capitalistas, mas tiveram antecedentes, trajectórias e desenvolvimento historicamente diferentes.

O capitalismo japonês era um produto da economia política do Estado, o capitalismo chinês não. Os japoneses criaram conscientemente o seu sistema, tomando de empréstimo as tecnologias industriais e a organização económica do Ocidente e construíram uma "rede de mercado" com características específicas. Adaptaram as invenções sociais e científicas do Ocidente e adaptaram-nas às condições sociais e económicas japonesas. A elite japonesa recebeu apoio dos regimes estatais, embora estes regimes (Tokugawa, Meiji) não tenham funcionado como regimes autoritários fortes. O imperador japonês era um símbolo poderoso, mas uma força política fraca. Constituía um ponto de união e uma fonte de legitimidade e não um centro de autoridade. O Estado japonês não dominava, mas negociava e o aparelho de Estado tornou-se uma unidade (instituição) de resolução de litígios entre diferentes segmentos da sociedade. A combinação do Estado e da força de elite promoveu as relações entre o Estado e as instituições e forças de mercado. Foi uma estratégia de controlo político descentralizado e de desenvolvimento patrocinado pelo Estado no Japão que permitiu que as forças produtivas atingissem a industrialização. O capitalismo japonês não foi uma criação de mercadores ou camponeses, os principais vectores do desenvolvimento capitalista resultaram da cooperação de coligações de forças políticas e económicas, na categoria económica da economia política. Com base nestes factores, o Japão conseguiu, num período muito curto, passar da produção em pequena escala para a produção em grande escala de produtos industriais e de pequenas fábricas para grandes conglomerados conhecidos como "zaibatsu" e, no período pós-Segunda Guerra Mundial, como "keiretsu".[75] Houve mudanças consideráveis na natureza da mobilidade social para os grupos de elite, passando do privilégio baseado na hereditariedade para o privilégio baseado na educação, mas,

75 Michael L. Gerlach (1992): Alliance Capitalism: The Social Organization of Japanese Business. University of California Press. ISBN 0-520-07688-5 (alk. Paper), ISBN 0-520-08607 (pbk.: alk. paper)

apesar disso, o Japão continuou a ser fundamentalmente uma sociedade de grupos de elite. O mesmo quadro se reflecte na economia japonesa, dominada por redes empresariais de conglomerados elitistas. Ainda hoje, dezasseis deles (Mitsubishi, Mitsui, Sanwa, Toyota, Sony, Sanyo, etc.) representam mais de 80% do PIB e empregam mais de 20% da mão de obra total japonesa.

O capitalismo chinês, tanto na história como no presente, é muito diferente do japonês e assenta noutras bases políticas, económicas e sociais. Os portadores do capitalismo chinês têm sido os chefes de família. A maioria dos comerciantes, artesãos, camponeses e, ocasionalmente, académicos eram a força motriz das actividades económicas. O capitalismo chinês dependia em grande medida de empresas familiares que serviam de meio organizacional para a economia. Por outras palavras, não se tratava de uma economia organizada através de instituições estatais, mas sim de actividades das famílias. Esta forma de economia alimentou uma forma distinta de estrutura empresarial. As empresas chinesas eram pequenas e não ultrapassavam o âmbito da família. As grandes empresas eram uma exceção e não a regra. Os homens de negócios ricos não tentavam criar empresas integradas de maior dimensão. Se permaneciam economicamente activos até uma idade avançada, a maioria retirava-se para o campo e, se alguns deles investiam em empresas, faziam-no em redes extensas de pequenas e médias empresas. A razão mais importante por detrás desta estratégia era um fator de confiança. A família e o sistema de parentesco eram as unidades sociais organizacionais básicas e as actividades económicas eram organizadas em torno da mesma unidade. O património chinês baseia-se no "sistema de patrilinhagem", ou seja, na herança partilhada dos bens do pai a todos os filhos em partes iguais. Este padrão de herança teve uma consequência importante na estrutura do mercado. É bem sabido que as economias de escala necessitam de angariar capital de investimento, de assegurar a mão de obra necessária, de fabricar produtos, de desenvolver capacidades de distribuição, etc. O capitalismo doméstico tinha limitações na geração destas "quantidades" devido à pequena dimensão das unidades empresariais domésticas. É por isso que a acumulação de capital na forma chinesa de capitalismo não provinha de empresas individuais, mas sim de redes de relações (redes "guanxi") que interligavam pequenas e médias empresas chinesas. A estrutura de "mercado em rede" das pequenas e médias empresas familiares, ligadas entre si através de vários tipos de relações sociais, não era propícia ao desenvolvimento de indústrias pesadas nem à criação de produtos mundialmente famosos conhecidos pelas suas marcas. Por outro lado, este tipo de economia é uma espécie de "pequeno" capitalismo não político,[76] muito flexível e adaptável às oportunidades económicas externas. As empresas chinesas integraram-se muito rapidamente na economia mundial em expansão, seguindo as correntes do capitalismo ocidental. Os chineses ultramarinos demonstraram a sua capacidade de utilizar as suas redes flexíveis e de captar nichos económicos seleccionados nos novos países para onde migraram. Tornaram-se retalhistas, grossistas, financeiros e criaram grupos comerciais importantes.

---

76 Tu Wei-Ming (1997): Confucian Traditions in East Asian Modernity. Página 335. Publicado pela Academia Americana de Artes e Ciências. ISBN: 0-674-16087-8 (papel: alk. papel)

3. O papel da confiança e a dimensão das unidades empresariais

Um dos factores mais importantes que condicionaram o capitalismo doméstico chinês foi a confiança. Eram as famílias chinesas e não os indivíduos que representavam a unidade básica da sociedade. Este padrão social manifestou-se fortemente também na dimensão das empresas. A confiança era a força e o mérito no seio da família, não ultrapassando a fronteira familiar e os membros da família. As descobertas técnicas, as inovações e as receitas farmacêuticas representavam frequentemente segredos de família. Tratava-se de propriedade intelectual estritamente protegida pelos membros da família, mesmo pelo valor da vida, e não é de admirar que estes segredos valiosos se tenham perdido, em muitos casos, devido à morte de membros da família causada por revoltas sociais, guerras e catástrofes naturais. O espaço da confiança nas actividades empresariais chinesas estendeu-se gradualmente às redes de empresas, mas o poder de coesão destas era muito inferior ao das famílias.

O papel da confiança no seio do círculo familiar, por um lado, limitou o crescimento das empresas e as oportunidades de construção de indústrias de grande escala, por outro lado, desempenhou um papel importante de facilitação em determinado período de desenvolvimento económico da China continental. Este caso está relacionado com o período de reformas na R.P. da China, iniciado pelo líder chinês Deng Xiaoping em 1978. Os chineses ultramarinos, sem cobertura jurídica dos seus direitos e na ausência de acordos intergovernamentais de base sobre a proteção dos investimentos e a prevenção da dupla tributação na R.P. da China, mas com base na boa compreensão do ambiente de governação chinês e na confiança, deslocaram-se em grande número para a China continental com os seus investimentos e contribuíram fortemente para o crescimento económico da China.

O ambiente de governação na Ásia Oriental foi discutido em pormenor na Parte III. No contexto do capitalismo ultramarino chinês, é necessário recordar uma outra vez que o ambiente de governação chinês era muito diferente e, num grau bastante razoável, continua a distinguir-se das práticas ocidentais. Grosso modo, pode descrever-se o estilo de governação na China como um sistema "baseado em relações", enquanto nos países ocidentais é um sistema "baseado em regras".[77] As sociedades ocidentais criam um ambiente que permite seguir as regras públicas, as leis, os regulamentos governamentais e a informação pública, por outras palavras, o Estado de direito. A China e as sociedades confucionistas, ao contrário do Ocidente, ainda se baseiam, num passado recente, nas relações pessoais para a realização de negócios. A comunicação e os acordos baseados em regras são explícitos e formais, ao passo que a comunicação e os acordos baseados em relações são informais e implícitos, mas cada parte compreende perfeitamente o que implicam. A governação baseada em regras e a governação baseada em relações representam dois tipos de ambiente de governação que implicam custos sociais e empresariais diferentes. As relações comerciais com o mundo exterior tiveram impacto nas comunidades

77 Shaomin Li (2009): Gestão de Negócios Internacionais em Países Baseados em Relações versus Países Baseados em Regras. Página 1. Publicado por Business Expert press. ISBN-13: 978-1-60649-084-6 (pbk)

empresariais chinesas ultramarinas e transformaram-nas gradualmente em várias fases de economias baseadas em regras. No entanto, as antigas tradições permaneceram profundamente enraizadas nas comunidades empresariais chinesas e na sua cultura empresarial.

4. Os laços familiares na cultura empresarial chinesa

Muitas das características do confucionismo podem ser interpretadas como um apoio ou um obstáculo à modernização social e económica. Depende muito da forma como são estruturadas e organizadas em determinadas situações. Por exemplo, é amplamente aceite a perceção de que o confucionismo foi um grande obstáculo à modernização, bem como uma das principais forças motrizes do espetacular desenvolvimento económico de quatro economias bem sucedidas da Ásia Oriental (Coreia do Sul, Tai-wan, Hong Kong e Singapura).[78] Enquanto Tai-wan, Hong Kong e Singapura representam comunidades chinesas e reflectem a forma chinesa de capitalismo, outras sociedades confucionistas da Ásia Oriental, como a Coreia do Sul e o Japão, construíram os seus mercados capitalistas a partir de fundamentos diferentes e com uma economia política diferente. Para compreender os padrões distintivos de pensamento empresarial das comunidades chinesas, é necessário compreender a cultura confucionista chinesa, que é um produto de um longo desenvolvimento histórico.

A família é a unidade social fundamental e os papéis dos membros da família são organizados de acordo com linhas hierárquicas, cada papel com deveres e privilégios associados. Do mesmo modo, a sociedade está organizada em estatutos distintos, cada um com as suas próprias obrigações e prerrogativas. A ética confucionista dita relações hierárquicas, exige subordinação, identificação com os papéis sociais e depende fortemente do autocontrolo dos indivíduos. O bom funcionamento do "cosmos" confucionista depende da obediência leal dos inferiores aos superiores na ordem social e do cumprimento de deveres definidos por papéis. Não são as liberdades individuais, mas sim os deveres e a afiliação ao estatuto social que constituem um imperativo. Esta organização social confucionista integrou as actividades humanas a todos os níveis.

Para compreender as empresas chinesas, o papel da família como unidade básica de organização social e económica desempenha um papel fundamental. Aprofundando os antecedentes filosóficos, o confucionismo nunca foi uma religião organizada e nunca foi excludente. Isto pode ser uma espécie de vantagem para a sua propagação pelo mundo através do ensino moral das relações humanas e da sua aceitação nas religiões e ideologias sem suscitar conflitos com as suas crenças essenciais. No futuro, o confucionismo pode, desta forma, perder a sua identidade como ideologia integrada e ganhar nova vida ao difundir-se pelo mundo em constante mudança.

5. Padrões de organização das empresas chinesas

A economia política e as organizações empresariais estão intimamente ligadas. No

78 Tu Wei-Ming (1997): Confucian Traditions in East Asian Modernity. Página 201. Publicado pela Academia Americana de Artes e Ciências. ISBN: 0-674-16087-8 (papel: alk. papel)

Ocidente, as principais instituições económicas, como os direitos de propriedade, os contratos, a normalização, a banca, os seguros e muitas outras, são mantidas pelo Estado e assentam num sistema jurídico. Isto estabeleceu a legitimidade do ambiente institucional económico e da ordem capitalista. No entanto, no caso do capitalismo chinês, não existia uma ligação estreita entre o Estado, as instituições apoiadas pelo Estado e os princípios organizacionais das empresas, como acontece no Ocidente e mesmo no Japão. O princípio e o método organizacionais básicos das empresas chinesas ultramarinas baseiam-se em padrões de relações sociais.

Em termos de propriedade, no centro das redes chinesas estão as relações de parentesco. A propriedade familiar no contexto chinês tem um significado um pouco diferente da propriedade familiar no Ocidente. Para os ocidentais, a família é uma organização com membros definidos e fronteiras bastante fixas. Para os chineses, a família era também uma unidade fechada na vida social, bem como nas actividades comerciais. No entanto, sob a pressão dos imperativos empresariais, os chineses foram obrigados a adotar uma atitude mais flexível e a incluir um maior número de pessoas, nem todas ligadas pelo sangue, na criação de redes empresariais. Os seus quadros de relações incorporam vários tipos de pontos comuns, incluindo laços étnicos ou regionais, dialectos, cozinhas e até apelidos, por outras palavras, uma base comum de algum tipo de relação.

Os chineses ultramarinos no Sudeste Asiático pertenciam e têm pertencido aos grupos empresariais mais proeminentes que incentivam o desenvolvimento económico dos países onde se encontram. Mostraram capacidade para mobilizar recursos económicos muito rapidamente e transportaram as principais forças do capitalismo nacional para toda a região. Criaram redes empresariais complexas que ultrapassam as fronteiras políticas. As suas ligações em cada localidade têm um carácter semelhante, embora a configuração das suas redes difira de local para local, dependendo da economia política dos países onde desenvolvem as suas actividades.

Ao analisar as redes empresariais chinesas em Hong Kong, Singapura e Tai-wan, é possível encontrar semelhanças importantes, mas também algumas diferenças distintas que são visíveis desde o período da industrialização e que se mantêm até hoje. Em Hong Kong, os britânicos controlavam o governo e deixaram os chineses criar um sector industrial em grande parte independente do seu controlo. Por outro lado, as políticas económicas de Hong Kong permitiram que as empresas britânicas dominassem os sectores financeiro e dos serviços, impedindo assim que as empresas chinesas aumentassem a sua quota de mercado. Em Hong Kong, os chineses expandiram-se para a pequena indústria transformadora e também para o sector imobiliário, onde adquiriram uma posição substancial. Em Taiwan, as "redes guanxi" de empresários locais foram o principal motor do crescimento económico, embora a estrutura política fosse controlada pelos mandarins que migraram com Chiang Kai-shek em 1948 e 1949. Uma vez que Tai-wan é um país e não uma cidade-Estado, em comparação com Hong Kong e Singapura, os fabricantes começaram por ter êxito a nível local antes de expandirem as suas redes para fora do país. Por conseguinte, as redes comerciais em Taiwan eram mais densas, mas menos internacionais. A partir da década de 1980, os taiwaneses começaram a criar unidades de produção offshore no

Sudeste Asiático e na China continental, com um movimento maciço. Em Singapura, Lee Kuan Yew estabeleceu um regime centralizado que criou privilégios para as indústrias estatais e para as empresas estrangeiras, com muito menos espaço para as empresas locais que encontraram as suas oportunidades em países adjacentes como a Malásia, a Indonésia e a Tailândia.

Conclusão

O capitalismo chinês começou a formar o seu sistema no final dos anos 90 e início dos anos 20 do século XX. Contrariamente ao Japão, onde o Estado condicionava a forma de capitalismo e coordenava os interesses das elites, na China o Estado entrou em colapso e os chineses emigraram para o Sudeste Asiático e para a orla do Pacífico, para todos os sítios onde era possível ganhar dinheiro. No período pós-Segunda Guerra Mundial, a estabilidade política na região da Ásia Oriental levou à criação de três áreas politicamente estáveis dominadas por chineses - Hong Kong, Singapura e Tai-wan.

O capitalismo chinês ultramarino não está confinado a uma época específica da história nem a um determinado lugar do mundo. Não se deve sequer considerar o capitalismo chinês no quadro clássico de um modo de produção capitalista. Em vez de um quadro estatal, o capitalismo chinês preenche um espaço económico. É legitimado por princípios de parentesco e não depende de um sistema de economia política.

Os chineses ultramarinos criaram redes empresariais de pequenas e médias empresas que provaram ser muito flexíveis na resposta à procura. A preferência por empresas familiares e estruturas empresariais em rede levou à formação de um tipo diferente de desenvolvimento capitalista e de diferentes tipos de estrutura de mercado, em comparação com o Ocidente. O modelo empresarial chinês ultramarino está condicionado por uma construção social e um sistema de valores incorporados no passado histórico chinês, que servem até hoje como um meio importante no qual as pessoas planeiam as suas vidas sociais e as suas estratégias empresariais.

Part V

A Coreia do Sul e a sua cultura empresarial

Mentalidade e atitudes empresariais sul-coreanas

Introdução ao tema

Se alguém escrevesse a história económica do período pós-Segunda Guerra Mundial, a Coreia do Sul ocuparia sem dúvida uma das posições de liderança. Este país, aparentemente vindo do nada, com um PIB per capita da Etiópia, Libéria ou Zimbabué na década de 1950, foi capaz de construir posições fortes a nível mundial numa vasta gama de indústrias e de se tornar, em três décadas, membro do clube dos países mais desenvolvidos da OCDE. A sua posição atual no mercado global é notável em muitos aspectos: a 11ª maior economia mundial e a 4ª na Ásia, o maior produtor mundial de semicondutores, o 2º na construção naval, o 5th no sector automóvel e o 6º na produção de aço. Além disso, a Coreia do Sul tem a taxa de penetração da banda larga mais elevada do mundo e o segundo maior investimento em I&D (4,3%). Mais de setenta produtos diferentes fabricados na Coreia do Sul estão classificados no topo da quota de mercado mundial. O sucesso económico da Coreia do Sul é por vezes rotulado com frases de efeito como *Milagre no rio Han, Fénix coreana: uma nação das cinzas, Dos trapos à riqueza*. O sucesso deve ser atribuído a vários factores importantes, incluindo as políticas de desenvolvimento económico, os fundamentos culturais, bem como as práticas de gestão e a cultura empresarial. Embora as políticas económicas da Coreia do Sul tenham sido objeto de muitos estudos e se possa encontrar uma grande quantidade de literatura sobre esta questão, a gestão sul-coreana não tem sido um tema de grande interesse e tem recebido relativamente pouca atenção por parte dos investigadores.

O estudo centra-se nos antecedentes da cultura empresarial coreana, nas principais influências que contribuíram para a formação dos seus métodos de comunicação e gestão e nas manifestações das suas práticas de gestão. Para contextualizar o tema da cultura empresarial coreana, o estudo começa com informações básicas sobre a Coreia do Sul e o seu processo de industrialização, aborda os factores cruciais que contribuíram para a formação da cultura empresarial coreana, analisa os principais aspectos das práticas empresariais e da liderança empresarial das empresas coreanas e explica quais os desafios globais e nacionais que as empresas coreanas enfrentam atualmente e como tentam geri-los.

1. Informações básicas sobre a Coreia do Sul

A Península da Coreia está situada na parte nordeste do continente asiático, entre a China e o Japão. A dimensão da península é de cerca de 220 000 quilómetros quadrados, ligeiramente mais pequena do que a Grã-Bretanha ou a Roménia. No entanto, a Coreia está dividida entre a Coreia do Norte e a Coreia do Sul. A população da Coreia do Sul é superior a 50 milhões, com uma área de cerca de 100 000 quilómetros quadrados, um país muito montanhoso com mais de 63% de terreno acidentado. O país ocupa o 3.º lugar no rankingrd em termos de densidade populacional, com uma população que envelhece mais rapidamente e uma das taxas de suicídio mais elevadas do mundo. A população nativa da Coreia do Sul é constituída por um único grupo étnico, não existindo uma sociedade multicultural e havendo muito poucos trabalhadores estrangeiros. A forte hierarquia e formalidade prevalecem na comunicação social e empresarial com base nos valores confucionistas. Entre as religiões, o cristianismo representa cerca de 30%, seguido do budismo (mais de 15%) e mais de 50% não têm religião. A Coreia do Sul tem uma "mentalidade de ilha" - rodeada por mar e separada do continente asiático a norte pela reclusa Coreia do Norte. A língua tem o seu próprio alfabeto *hangul e o* inglês não é comum. Todos estes factores contribuíram para o forte sentimento nacionalista e para as especificidades culturais da nação coreana.

2. A industrialização da Coreia e o papel dos "chaebols"

A eficácia da política económica coreana durante o período de industrialização baseou-se na capacidade de integrar os procedimentos económicos na mentalidade e na construção social da sociedade e de jogar com a mentalidade das pessoas para as mobilizar para os objectivos nacionais. O Presidente Park Chung-hee (1961 - 1979), que liderou a Coreia do Sul durante 18 anos, foi um ditador. Deixou um duplo legado - sucesso económico espantoso e repressão política. Acreditava que a experiência democrática na Coreia, nos anos 50, ao contrário dos sistemas políticos do Ocidente, não emergiu naturalmente do curso do desenvolvimento da sociedade. Estava convencido de que tinha sido imposta do exterior e que os coreanos empobrecidos da pré-modernidade não tinham podido usufruir dos frutos desse sistema. Para ele, a liberdade política não significava nada sem crescimento económico e a Coreia precisava de desenvolver uma economia forte antes da democracia. Considerava que o desenvolvimento económico não podia ser confiado apenas ao sector privado (que não dispunha de competências e recursos suficientes para construir uma economia forte) e que devia ser apoiado pelo Estado. O seu método era a política do "Big Push" e comportava-se como um comandante da linha da frente, controlando o progresso de cada projeto e sendo obcecado pelo cumprimento dos prazos e da qualidade.

Quanto aos objectivos económicos, as políticas económicas coreanas tinham algumas semelhanças com as do Japão no que se refere à intervenção e planeamento governamentais, escolhendo os "vencedores" (empresas) e apoiando-os através de financiamento. O General Park estabeleceu relações com um punhado de líderes empresariais. Ofereceu a dezoito empresários líderes de conglomerados (*chaebols*), que estavam corrompidos por evasão fiscal, um acordo que não podiam recusar: participar nos seus planos de desenvolvimento em sectores seleccionados ou ir para a prisão.[79] No entanto, ao contrário do Japão, o planeamento económico foi implementado num "estilo de comando militar" durante as décadas de 1960 e 1970. *Os chaebols* receberam "ordens" para investir em indústrias e projectos específicos.

Os hábitos culturais coreanos de deferência para com a autoridade permitiram ao General Park Chung-hee, durante a sua ditadura (1961-1979), comandar efetivamente os chefes dos *chaebol* que, por sua vez, comandavam os seus empregados. *Os*

79 Daniel Tudor (2012): Korea: The Impossible Country. Página 68.

chaebols construíram estradas, pontes, hospitais e outras infra-estruturas, por vezes a preços que sabiam que lhes dariam prejuízo, mas fizeram-no porque sabiam que o General Park os recompensaria a longo prazo com outros contratos lucrativos. O General Park persuadiu, intimidou, manipulou e ameaçou as empresas para que cooperassem, mas também ofereceu incentivos - empréstimos governamentais e estrangeiros, regulamentos mais flexíveis e reduções de impostos. Os líderes empresariais sentiam-se pressionados a cumprir os objectivos do governo de acordo com os prazos estabelecidos. Consequentemente, tendiam a utilizar esta cultura de comando militar de cima para baixo para transmitir aos seus subordinados de forma semelhante. Utilizaram a implementação a alta velocidade dos planos de negócios e a palavra coreana "palli palli" (rapidamente) tornou-se habitual nas conversas dos gestores.

Foi uma política de "escolha dos vencedores" durante o período de industrialização coreana - seleccionando algumas empresas com capacidade para enfrentar a concorrência internacional e com capacidade para "ouvir" as necessidades do governo - que deu origem aos grandes conglomerados coreanos conhecidos como *chaebols*. Estes representam um tipo de economia de "rede" ou de "relações" que constitui a principal caraterística do perfil económico sul-coreano e que domina toda a economia da Coreia do Sul. *Os chaebols* são controlados e geridos por uma única pessoa ou família e estão organizados verticalmente através de "quadros centrais", que podem ser sociedades gestoras de participações sociais ou empresas-mãe. A título de comparação, a estrutura empresarial japonesa *keiretsu baseia-se* numa *lógica comunitária* (o poder pertence geralmente aos grupos empresariais), enquanto *os chaebols* coreanos têm uma *lógica patrimonial na* sua estrutura empresarial, em que todos os poderes pertencem apenas ao líder do *chaebol*. Os principais cargos de direção de um *chaebol* são quase sempre atribuídos aos familiares do presidente, o patriarca. O sistema *chaebol* beneficiou fortemente do legado do confucionismo coreano, que enraizou uma mentalidade paternalista e de cima para baixo que a Coreia do Sul ainda possui. *O patrimonialismo* tem raízes históricas profundas na Coreia do Sul e, na lógica relacionada com as disposições hierárquicas verticais, estão também organizados vários tipos de relações sociais. A Samsung, a Hyundai Motor, a SK e a Lucky-Goldstar (LG) representam as principais redes de *chaebol* que controlam cerca de 90% das actividades económicas dos trinta maiores conglomerados de *chaebol*.[80] Estas empresas demonstraram grande capacidade para gerir a crise financeira asiática.

3. Fontes da cultura empresarial coreana

Há mais de cem anos, a Coreia parecia, aos olhos dos estrangeiros, relativamente incivilizada. [th] Quando W.E.Griffis[81] apresentou a Coreia ao Ocidente no final do século XIX, descreveu-a como "a nação eremita". Perciwall Lowell chamou à Coreia

80 Koichi Kato (2014): Os quatro maiores chaebol geram 90% dos lucros dos conglomerados sul-coreanos, Nikkei Asian Review, 10 de abril de 2014

81 William Elliot Grifffis (1894): Corea, a Nação Eremita.

"Land of the Morning Calm"[82] um país tranquilo e rural onde até as cidades se assemelhavam ao campo. Mais tarde, a Coreia foi ocupada pelo Japão durante mais de 35 anos (1910-1945) e, após a Segunda Guerra Mundial, sofreu a devastadora Guerra da Coreia (1950-

1953). Apesar dos obstáculos históricos, a Coreia do Sul, após a Segunda Guerra Mundial, mostrou que "o impossível é possível", a capacidade de "ressurgir das cinzas", de se mobilizar para um elevado nível efetivo de industrialização e, mais tarde, de se tornar líder indiscutível em algumas das principais indústrias mundiais. Para além das políticas de desenvolvimento económico do Estado, houve fundamentos culturais e práticas empresariais que contribuíram indubitavelmente para o êxito da Coreia do Sul.

Para compreender as origens da cultura empresarial sul-coreana e da gestão das empresas, é necessário analisar as raízes e a formação do capitalismo moderno na Coreia e os valores sociais coreanos que evoluíram a partir de várias fontes - a cultura tradicional coreana, em especial o confucionismo, a influência japonesa, a influência americana e o método de industrialização de estilo militar.

3.1. Cultura tradicional coreana e confucionismo

No final do século XIX, toda a região da Ásia Oriental estava completamente "confucianizada", ou seja, os valores e práticas confucianos penetravam na vida quotidiana das pessoas e todo o sistema de governo era justificado com referência aos ideais confucianos.

O confucionismo não é uma religião, mas representa um antigo código moral e ético. No cerne do confucionismo está a crença de que a ordem social depende da hierarquia, dos valores e das normas. A família é a unidade social fundamental e os papéis dos membros da família são organizados de acordo com linhas hierárquicas, cada papel com deveres e privilégios inerentes. As relações são estritamente hierárquicas por natureza: os filhos têm de respeitar e obedecer ao pai, os súbditos ao monarca, as mulheres aos maridos, o irmão mais novo aos irmãos mais velhos. Toda a sociedade está ordenada em estatutos distintos, cada um com as suas próprias obrigações e prerrogativas. Toda a gente tem uma posição bem definida e tem de obedecer aos indivíduos que estão numa posição superior. A observância rigorosa das relações humanas, a fim de manter a ordem e a harmonia na sociedade e nas suas unidades (família, grupo, empresa, Estado), é um imperativo. Por outras palavras, a ética confucionista dita relações hierárquicas, exige subordinação, identificação com papéis sociais e depende fortemente do autocontrolo dos indivíduos. O funcionamento correto do "cosmos" confucionista depende da obediência leal dos inferiores aos superiores na ordem social e do cumprimento de deveres definidos por papéis. Não são as liberdades individuais, mas sim os deveres e a afiliação ao estatuto social que constituem um imperativo. A organização social confucionista integrava as actividades humanas a todos os níveis e manifestava-se também nos modelos de mercado, na gestão das empresas e na cultura empresarial.

---

82 Percival Lowell (1886): The Land of The Morning Calm, A Sketch of Korea.

Acredita-se geralmente que, atualmente, a Coreia do Sul é o país mais confucionista de toda a região da Ásia Oriental[83] e que a ética confucionista não só foi adoptada em grande escala, como também aplicada na sociedade com um nível muito mais intenso do que noutros países da região.

A Coreia do Sul é um país com uma elevada distância de poder e hierarquia. A sociedade coreana tradicionalmente e fortemente enfatiza o grupo em detrimento do indivíduo[84] e através do pensamento confucionista elevou particularmente uma dimensão específica da relação humana - a estrutura social hierárquica com elevado respeito pelos indivíduos mais velhos, bem como pelos indivíduos em posições mais elevadas. Por outras palavras, os coreanos habituaram-se a estabelecer relações hierárquicas com base na idade, não só no seio das famílias mas também noutras relações sociais, incluindo as empresas. De acordo com esta lógica, uma pessoa mais velha está sempre numa posição superior numa relação com uma pessoa mais nova que tem de prestar respeito à primeira. Este padrão de relacionamento está fortemente presente na cultura empresarial coreana, onde a posição de um indivíduo nas hierarquias organizacionais, incluindo as empresas, é extremamente importante. Os superiores têm uma influência muito mais forte sobre os seus subordinados do que na cultura ocidental. Os indivíduos que ocupam posições inferiores têm muita dificuldade ou são mesmo impossibilitados de desafiar as ordens que lhes são dadas pelos seus superiores.

Esta atmosfera existe também nas famílias e na frente educativa, o que está a incutir o sentimento de construção hierárquica na identidade cultural de todos os coreanos desde a infância.

A forte orientação familiar da sociedade coreana é outro aspeto importante. As relações de tipo familiar são frequentemente aplicadas a contextos não familiares. Por exemplo, os trabalhadores das empresas coreanas comparam frequentemente as suas organizações a famílias de que são membros e posicionam-se habitualmente como irmãos mais velhos ou mais novos nas suas empresas. Analogamente, o diretor da empresa assume um papel de "pai" que tem uma autoridade quase ilimitada sobre os seus "membros da família".

O valor da educação é fortemente enfatizado pelo confucionismo ao estilo coreano.[85] O zelo educativo coreano é extraordinário mesmo para os padrões da Ásia Oriental. A educação e os estudos são considerados uma forma correcta de se qualificar para a liderança. A virtude e a autoridade são alcançadas através de estudos aprofundados em instituições de ensino prestigiadas. Os coreanos consideram que um elevado nível de educação não só eleva o seu estatuto social na sociedade, como também aumenta as suas oportunidades de seguir uma carreira profissional de sucesso. A educação é considerada, antes de mais, como um instrumento para uma vida melhor e só depois como um instrumento de conhecimento.

83 Tu Wei-Ming (1997): Confucian Traditions in East Asian Modernity. Página 191.

84 Daniel Tudor (2012): Korea: The Impossible Country. Página 64.

85 E.M.Kim (1998): The Four Asian Tigers: Economic Development and the Global Political Economy.

Um aspeto forte do pensamento confucionista na Coreia do Sul é a lealdade ao líder e ao país. Especificamente durante o período de industrialização, este valor motivou os gestores e trabalhadores sul-coreanos a fazerem um enorme esforço coletivo e a trabalharem arduamente em conjunto. A força de trabalho era altamente disciplinada e entusiasta e os trabalhadores comportavam-se como "soldados industriais". O comportamento social hierárquico foi reforçado, entre outros factores, pelo serviço militar do país. Os jovens coreanos têm de cumprir um serviço militar obrigatório, quase sem exceção. Através deste serviço, habituaram-se a receber ordens dos superiores de forma rigorosa e a respeitar incondicionalmente a hierarquia. A experiência do serviço militar exerce uma influência bastante forte na mentalidade e no comportamento da força de trabalho masculina na Coreia do Sul no que respeita à relação hierárquica, muito mais do que noutros países. A influência da cultura de comando militar está também relacionada com a industrialização conduzida pelos militares nas décadas de 1960 e 1970.

Desta forma, o confucionismo não só dominou a sociedade coreana no passado, como também exerceu até à data uma influência duradoura no comportamento social dos coreanos de várias formas. Podem parecer desactualizados numa sociedade industrial democrática moderna, mas devido às suas raízes culturais fortes e profundas, continuam a ter um efeito considerável. Até hoje, a cultura empresarial coreana baseia-se nestes valores, com numerosas manifestações.

3.2. Influências japonesas e americanas

O Japão anexou a Coreia em 1910 e a Coreia permaneceu sob controlo japonês até ao final da Segunda Guerra Mundial, em 1945. O Japão criou uma burocracia estatal centralizada na Coreia e introduziu muitas instituições do capitalismo moderno através de sucessivas reformas. Este facto influenciou largamente a economia e a gestão coreanas em vários aspectos - codificação do direito civil, sistema fiscal baseado em pagamentos em dinheiro, sistema jurídico separado dos poderes executivos, reformas agrárias, infra-estruturas financeiras e comerciais em vários sectores, bem como nos transportes. Os grupos empresariais japoneses dominavam a economia coreana, mas quando os coreanos obtiveram oportunidades de capital para uma atividade empresarial moderna, estudaram o sistema de gestão moderno através da observação das actividades das empresas japonesas e transpuseram as melhores práticas para as suas empresas.

A importância da influência dos Estados Unidos na Coreia deve-se principalmente à presença dominante do exército americano na metade sul da península coreana durante as primeiras décadas após a libertação da ocupação japonesa. A nível administrativo, foi efectuada uma reforma muito importante sob orientação americana - a segunda reforma agrária que redistribuiu as terras dos proprietários para os camponeses. A reconstrução e a ajuda americana ao desenvolvimento também desempenharam um papel importante na economia coreana. Além disso, a Coreia recebeu tratamentos preferenciais e os gestores coreanos foram induzidos a aproveitar qualquer oportunidade de negócio que lhes fosse oferecida. A influência americana também se fez sentir de forma indireta, através de fortes laços militares, políticos e económicos, e os EUA tornaram-se uma referência para a gestão profissional. A mentalidade americana de competir e de procurar a eficiência e a eficácia tem vindo a impregnar progressivamente a gestão das empresas coreanas.

4. Manifestação da cultura empresarial coreana

Com base nos fundamentos culturais dos valores confucionistas, bem como sob a influência estrangeira do Japão e dos EUA, as empresas coreanas criaram uma cultura de gestão única, utilizando diferentes partes destes fundamentos e acabando por se tornar concorrentes fortes e formidáveis a nível mundial.

Um dos factores mais importantes na gestão das empresas sul-coreanas é a promoção da partilha dos mesmos valores na empresa. Para apoiar este objetivo, os grandes conglomerados coreanos organizam campos de formação para os seus empregados, incluindo educação para a disciplina e a lealdade. Em todas as áreas da sociedade, incluindo a comunidade empresarial, existe uma forte hierarquia e um formalismo austero, a progressão na carreira só é possível com o aumento da idade, a interação entre as pessoas evita mostrar atitudes diretamente negativas e a subordinação rigorosa está presente em todos os níveis sociais e de gestão.

O orgulho é muitas vezes uma questão de perceção das próprias pessoas, mas com o foco em "salvar a face" no conceito confucionista, é tudo sobre a forma como os outros vêem essa pessoa. Provavelmente, não há pessoa no mundo que não tente proteger o seu orgulho, mas os coreanos consideram o orgulho e a preservação da sua imagem extremamente importantes.[86] A este respeito, mantêm uma certa distância social também na interação comercial, uma caraterística típica da cultura comercial confucionista que o Ocidente por vezes confunde com a frieza da pessoa.

Um dos traços distintivos dos coreanos é a sua capacidade de se unirem e de fazerem sacrifícios privados em benefício do país. A vitalidade coreana da unidade e do trabalho conjunto é única quando comparada com a de muitas nações avançadas que favorecem o individualismo, enquanto este tipo de coesão se reflecte especialmente em tempos de crise. Os coreanos, por exemplo, foram capazes de efetuar recolhas individuais de ouro para ajudar o país a pagar a dívida e a resgatar as medidas restritivas do FMI nos anos de crise financeira no final da década de noventa. Os trabalhadores das empresas, em caso de dificuldades financeiras, habituaram-se mesmo a devolver os seus salários para contribuir para a revitalização da empresa. Nestes casos, os coreanos colocam o Estado/país ao nível da sua família e encaram-no como um objetivo comum.

4.1. Práticas coreanas de comunicação empresarial

Gestão é um termo comum na sociedade moderna, normalmente utilizado em referência a empresas. A gestão integra as pessoas e, por conseguinte, está fortemente enraizada na cultura. O principal fator da gestão é a comunicação, que é considerada a atividade empresarial mais fundamental. A cultura empresarial coreana difere das abordagens empresariais ocidentais desde o primeiro momento de interação.

---

86 Prof. Seoil Chaiy (2012): Doing Business with Koreans. Página 56.

Em termos de negociação, uma dimensão importante em que as culturas diferem significativamente é a mentalidade de "evitar a incerteza". A cultura coreana tende a centrar-se na criação de relações durante o processo de negociação, devido à sua necessidade de evitar a incerteza. Para eles, o desenvolvimento de familiaridades com uma empresa estrangeira cultiva a confiança, o que ajuda a estabelecer uma previsibilidade mútua. Por outro lado, os gestores da cultura ocidental tendem a ser bastante pragmáticos na negociação, colocando a tónica na obtenção do contrato em vez de estabelecerem uma relação sustentável. Igualmente importante é o facto de, durante o processo de negociação, as comunicações feitas por

Os gestores coreanos são frequentemente não verbais e menos directos devido à incerteza quanto ao resultado da comunicação.

Os coreanos só conversam confortavelmente com os seus parceiros de negócios depois de estabelecerem uma base comum e de saberem qual é a posição de cada parte na relação. O primeiro encontro nos contactos comerciais é, para os coreanos, extremamente importante. Os coreanos tendem a identificar-se como membros do grupo e, desde o início, esforçam-se por encontrar pontos de contacto (parentesco, escola, cidade natal, faculdade). Constroem a sua identidade tipicamente em relação a pessoas com quem têm laços estreitos e tendem a preocupar-se quando se sentem isolados. Isto contrasta fortemente com os empresários ocidentais, para quem a individualidade desempenha um papel importante na construção da sua identidade.[87] O fator de homogeneidade da Coreia do Sul desempenha um papel importante nesta questão. Os países ocidentais são maioritariamente multiculturais e podem não estar tão preocupados com a origem da outra pessoa. Para os coreanos, é importante levantar questões para encontrar algum elo de ligação com o parceiro. Os estrangeiros podem ter dificuldade em compreender por que razão os coreanos fazem perguntas tão pessoais que não estão relacionadas com o negócio, mas para os coreanos é importante "conhecer o processo", saber a idade, o cargo, o título de um parceiro de negócios, o local de nascimento, a universidade, os países percorridos, tudo o que pode ser, em certo sentido, comum. Também "verificam" o parceiro durante o primeiro encontro devido à necessidade de estabelecer uma relação mútua em termos de hierarquia. É essencial que construam uma hierarquia mental da relação, porque isso lhes dará uma orientação adequada para uma linguagem e acções apropriadas, uma vez que a hierarquia determina as maneiras do coreano com os outros.

Os coreanos não gostam de ouvir más notícias, ou esperariam até ao fim da tarde para as dar, se necessário. Assim, o destinatário não terá o dia todo perturbado. Para além de darem as más notícias mais tarde, os coreanos evitam dar informações negativas de imediato. Podem anunciar as notícias negativas de uma forma indireta e ambígua. Por vezes, isto pode induzir em erro os estrangeiros, pelo que é necessário aprender cuidadosamente a compreender o significado oculto do relatório em causa. O mesmo acontece com a escrita de cartas quando é necessário exprimir um desacordo. As palavras educadas preenchem a maior parte do texto e só as últimas frases dão a

87 Prof. Seoil Chaiy (2012): Fazendo negócios com coreanos. Page. 21.

entender a verdadeira posição do autor da carta. Este tipo de comportamento está relacionado com o conceito coreano de *kibun*, um dos factores fundamentais da cultura coreana relacionado com uma relação harmoniosa. *Kibun* não tem uma tradução exacta em inglês, mas está sobretudo relacionado com termos como orgulho, rosto, humor, mente ou sentimentos. Ferir o *kibun* de alguém é semelhante a ferir o orgulho de alguém e perder a dignidade.

Quando os coreanos vão para o estrangeiro, a maioria deles partilha, em certa medida, o sentimento de identidade com o seu país, sentindo-se representantes da Coreia do Sul. Muitos diriam que os coreanos se tornam patriotas quando vão para o estrangeiro e conhecem estrangeiros.

As diferenças culturais entre as culturas asiática e ocidental podem parecer particularmente acentuadas quando as pessoas destas áreas se encontram pela primeira vez. Até a forma como se cumprimentam é diferente. Geralmente, os ocidentais apertam as mãos quando se cumprimentam ou abraçam-se ou juntam as bochechas se estiverem próximos um do outro. Os asiáticos cumprimentam-se fazendo uma vénia. Ao abraçar um asiático à primeira vista, o asiático sentir-se-á provavelmente desconfortável. Assim, o primeiro encontro com uma pessoa de origem étnica diferente pode tornar-se desconcertante ou incómodo para culturas diferentes.

A ética e a comunicação desempenham na Coreia do Sul um papel muito mais importante do que nas culturas ocidentais. A língua é, sem dúvida, a componente mais importante da comunicação, mas embora seja possível reduzir as barreiras linguísticas através da aprendizagem da língua estrangeira, se não se conseguir compreender as características culturais únicas dos outros, a incompreensão pode causar desconfiança, perturbações no trabalho e até conflitos.

4.2. Liderança de gestão coreana

A liderança é uma tarefa crucial e universal para os gestores de empresas. Os executivos das empresas precisam de demonstrar liderança para motivar os seus subordinados e para manter e reforçar a coesão da organização das suas empresas.

Fundamentalmente, em muitas empresas coreanas estabeleceu-se um círculo vicioso entre uma liderança forte e um bom desempenho. Em termos gerais, a liderança coreana consiste em quatro elementos básicos que se apoiam mutuamente: comunicação carismática, valores empresariais, definição de objectivos ambiciosos e gestão de crises. Embora os três primeiros elementos sejam bastante fáceis de compreender, o último representa um conceito muito específico. Neste contexto, os líderes empresariais coreanos criam por vezes deliberadamente crises no interior das suas empresas para que os seus empregados tenham um desempenho extraordinário que aumente a agilidade das suas empresas. [88] As práticas de gestão dos grandes conglomerados coreanos "chaebols" são por vezes designadas por "Gestão Tigre" devido às suas características de gestão - rapidez, agressividade, dinamismo, coragem

---

88 Martin hemmert (2012): Tiger Management: Empresas coreanas nos mercados mundiais. Página 93.

e até ao facto de o tigre ser utilizado sobretudo como símbolo nacional coreano.

As directivas de gestão de alto nível são implementadas com uma rapidez extraordinária e com enormes esforços de gestores e trabalhadores. Esta rapidez revelou-se frequentemente uma vantagem competitiva importante para as empresas coreanas, uma vez que os seus rivais de outros países não conseguiam simplesmente igualar o ritmo a que os coreanos criavam novos produtos e tecnologias e penetravam em novos mercados. Nunca descansam e, quando um objetivo é alcançado, avançam imediatamente para o seguinte. Além disso, a liderança coreana nas empresas é apoiada por três características comuns subjacentes, como a forte centralização da autoridade de gestão, o apoio ao planeamento e ao controlo pelos gabinetes de planeamento dos presidentes e uma forte coerência intra-organizacional.

A centralização da autoridade é uma das características mais típicas das empresas do Alcorão. Todas as orientações estratégicas são definidas por um único presidente da empresa ou do grupo empresarial, enquanto o conselho de administração, na maioria dos casos, apenas aprova as orientações da liderança. Esta "gestão imperialista" só diminuiu nos últimos anos e o conselho de administração começou a ter mais voz ativa nos processos de tomada de decisão. Uma das razões para esta concentração de poder ao mais alto nível das empresas coreanas é a forte influência cultural do confucionismo. As empresas coreanas foram, na sua maioria, fundadas e criadas por empresários individuais, sendo posteriormente transmitidas aos seus filhos, razão pela qual a propriedade e a gestão das empresas não foram, na maioria dos casos, separadas e os líderes empresariais têm um enorme poder de liderança.

O Gabinete de Planeamento dos conglomerados coreanos é outro elemento importante que apoia a liderança do presidente. São responsáveis por grandes grupos empresariais com 50 a 200 efectivos. São considerados como "centros nevrálgicos" da organização e têm uma posição interna muito forte. Têm fortes capacidades analíticas e respondem diretamente ao presidente da empresa. Isto permite que os gabinetes de planeamento apoiem o presidente através de conhecimentos de alta qualidade que maximizam as hipóteses de o presidente tomar decisões estratégicas correctas.

Uma forte coerência intra-organizacional e um forte trabalho de equipa em grupo são considerados uma norma cultural na Coreia do Sul. Dois conceitos importantes apoiam a coerência interna das empresas coreanas - *jeong* (afeto humano, tolerância, simpatia, bondade) e *inwha* (harmonia). Estes conceitos representam características comportamentais importantes da sociedade coreana no seu conjunto e, nas empresas coreanas, contribuem fortemente para a obtenção de resultados produtivos.

Jeong é um conceito amplo e a moral de *jeong* funciona de forma bastante robusta contra tensões e conflitos individuais. Não significa que os indivíduos devam gostar uns dos outros, mas independentemente das aversões pessoais entre colegas, eles continuam a dar-se bem e a trabalhar eficazmente. As pessoas sentem que são obrigadas a pensar não só nos seus interesses individuais, mas que devem chegar a um compromisso, manter relações amenas e, em vez de serem rudes, devem ser educadas e ajudar os que sofrem. *O Jeong* pode manifestar-se de muitas formas - ser altamente tolerante, ser solidário com as pessoas em dificuldades, compreender os problemas dos outros, partilhar e ser capaz de sentir empatia pelos outros, oferecer ajuda quando alguém se sente sozinho, apoiar a responsabilidade numa relação, não abandonar a esposa mesmo quando a vida familiar está a correr mal, etc. Está a fazer com que as pessoas estejam mais viradas para as relações do que para o individualismo.

Inwha é outro princípio fundamental da cultura empresarial coreana. Sendo uma sociedade coletivista, o consenso é um elemento importante para promover e manter a harmonia. *O Inwha* dá ênfase à harmonia entre os indivíduos, especialmente entre os que têm um estatuto e uma posição desiguais, como os superiores e os subordinados. Normalmente, os coreanos gostam de dar respostas positivas e evitam ou têm relutância em dar recusas directas. Não querem prejudicar o ambiente harmonioso dando respostas negativas ou recusando os outros para não perder a face. Esta atitude está ligada aos valores confucionistas, que sublinham o cultivo de relações hierárquicas. No mundo dos negócios, o *inwha* implica que os superiores hierárquicos devem ser atenciosos para com os indivíduos de nível inferior e, em contrapartida, os subordinados devem seguir as instruções dadas pelos superiores hierárquicos e não destruir a harmonia desafiando-os. *O Inwha* ajuda a cultivar relações harmoniosas na empresa, mostrando respeito pelos gestores de alto nível, evitando conflitos directos, especialmente em público, e impedindo a perturbação da eficácia da empresa como um todo. *Inwha apela* à responsabilidade de cada parte para apoiar a outra pessoa ou partes e torná-las "felizes".

Tanto *o jeong* como o *inwha* representam grande parte da cola que mantém unidos os trabalhadores e os gestores das empresas coreanas. Este mecanismo não significa, contudo, que não existam tensões graves entre colegas que trabalham na mesma empresa. À semelhança de muitas outras culturas, os coreanos têm também fortes ambições individuais, por exemplo, no que se refere à acumulação pessoal de riqueza financeira ou à rápida ascensão na hierarquia da empresa. Por outras palavras, as fortes aspirações individuais e um forte espírito de equipa tendem a coexistir nas empresas coreanas. Os indivíduos misturam-se mas, ao mesmo tempo, têm os seus interesses pessoais.

A moralidade do *jeong* e do *inwha* não significa que os sindicatos das empresas coreanas não possam lutar energicamente pelos direitos dos trabalhadores ou que a sociedade civil não possa sair à rua para se manifestar contra o mau comportamento e a corrupção dos políticos. A contestação da autoridade justifica-se quando existe uma razão séria para mostrar aos superiores que não cuidaram dos trabalhadores de uma forma correcta e benevolente. Depende das situações e do grau de gravidade dos problemas.

A globalização tem um impacto em todos os cantos do mundo e também na sociedade coreana que está a passar por uma grande dinâmica de mudanças sociais. A geração jovem coreana está a quebrar as tradições e está cada vez mais ocidentalizada, com ambições individualistas, enquanto constrói a sua carreira profissional e também a sua vida pessoal.

5. A gestão coreana e os desafios da globalização

A partir da década de 1960, as exportações coreanas cresceram de forma explosiva à medida que as empresas começaram a penetrar nos mercados mundiais e, no final da década de 1960, as empresas coreanas começaram a adquirir agressivamente projectos de construção no estrangeiro. Após alguns fracassos iniciais, as empresas coreanas rapidamente se impuseram nos mercados globais através de uma combinação de investimento agressivo, velocidade extraordinária, elevada flexibilidade e aprendizagem incessante. Posteriormente, as empresas coreanas levaram a globalização empresarial para o nível seguinte e aumentaram rapidamente os seus investimentos directos em países estrangeiros.

Após a crise financeira asiática de 1997, muitas empresas coreanas foram à falência e tiveram de ser reorganizadas. Não é de surpreender que a crise tenha alterado a perceção geral da gestão coreana. A estrutura e a organização dos *chaebols* foram frequentemente acusadas de não estarem à altura dos padrões dos países avançados. Na altura, a gestão coreana tornou-se sinónimo de falta de transparência e de profissionalismo. Os observadores coreanos e estrangeiros concordaram que era necessário efetuar mudanças fundamentais na gestão das empresas coreanas para que estas pudessem recuperar a sua competitividade.

Após a crise, a economia e as empresas revitalizaram-se rapidamente e com êxito. Pelo menos a partir da década de 1970, a maior parte do crescimento e do sucesso das empresas coreanas resultou da sua expansão internacional. Desde o final da década de 1980 e o início da década de 1990, as empresas coreanas, à semelhança do que aconteceu noutros países da Ásia Oriental, "desvincularam-se" estrategicamente dos aparelhos estatais de desenvolvimento e "reintegraram-se" com êxito nas redes de produção globais.[89] Investiram fortemente em países estrangeiros para criar uma forte presença nos principais mercados internacionais, estabelecendo filiais detidas a 100%. No início do milénio, algumas das principais empresas coreanas, como a Samsung Electronics, a LG Electronics, a Hyundai Motors, a SK Holdings e a POSCO, entraram na lista das 500 empresas mundiais e a sua classificação foi melhorando gradualmente.[90] Estas empresas internacionalizaram-se rapidamente e começaram a criar redes de produção internacionais para reforçar a sua produção global, tendo envidado grandes esforços para enfrentar o desafio da globalização. A orientação para o crescimento, a rapidez e a flexibilidade são três elementos básicos da sua orientação estratégica.[91]

Os gestores coreanos tendem a concentrar-se fortemente em novas oportunidades de negócio, mesmo que a procura dessas oportunidades implique riscos significativos. Procuram o crescimento das suas empresas de três formas: acrescentando novos produtos e serviços, desenvolvendo novas tecnologias e procurando novos mercados.

---

89 Henry Wai-Chung Yeong (2010): Strategic Coupling: East Asian Industrial Transformation in the New Global Economy. Página 15.

90 FONTE: Fortune 500 (2016): http://beta.fortune.com/global500/list

91 Martin Hemmert (2012): Tiger Management: Empresas coreanas nos mercados mundiais. Página 83.

Ao contrário das empresas japonesas que persuadem os fornecedores japoneses a segui-las no estrangeiro, as empresas coreanas no estrangeiro estão prontas a criar uma mistura de cadeias de abastecimento coreanas e nacionais, trabalhando com fornecedores locais quando necessário. Quando estabelecem novas filiais fora da Coreia, tendem a reproduzir a sua organização e sistemas de gestão nacionais. Os cargos executivos locais são normalmente preenchidos por gestores expatriados enviados da Coreia. Ao interagir com os trabalhadores no estrangeiro, as empresas coreanas tentam adotar uma abordagem holística integrada que inclua questões pessoais e sociais. No que se refere à coordenação e ao controlo globais, as empresas coreanas tendem geralmente a reproduzir as operações nacionais integradas a nível mundial para construir grandes complexos de produção em países estrangeiros, a fim de maximizar as sinergias verticais e horizontais, mas são, desta forma, geralmente flexíveis.

6. Desafios internos das empresas coreanas

Os desafios que as empresas coreanas enfrentam a nível interno estão relacionados com as mudanças estruturais nas relações entre as empresas e o governo, a quebra de tradições por parte da geração mais jovem da sociedade, a remodelação dos sistemas de valores, os problemas com sindicatos combativos, a discriminação culturalmente enraizada em relação ao género numa sociedade dominada pelos homens, etc.

Um dos desafios nacionais cruciais para a gestão das empresas coreanas é a questão da mudança gradual da mentalidade da força de trabalho. A lealdade dos trabalhadores para com as suas empresas tem sido grandemente apoiada pelos valores confucionistas, que dão ênfase ao trabalho árduo, à harmonia do grupo e à obediência aos superiores. Os valores confucionistas não desapareceram da cultura e da sociedade coreanas, mas outros valores ganharam importância relativa nas últimas décadas. Consequentemente, os jovens tendem a comportar-se de forma mais individualista do que os seus pais. Não passaram pelas dificuldades económicas das gerações anteriores e dão menos prioridade a objectivos materiais do que a elementos intangíveis como a qualidade dos tempos livres. Devido a estas tendências, as empresas coreanas tiveram de continuar a atualizar a sua gestão de recursos humanos nos últimos anos para se manterem em sintonia com a evolução dos valores dos seus empregados. No recrutamento de novos funcionários, tentam introduzir novos métodos para avaliar os candidatos apenas com base nas suas capacidades individuais, os programas de formação das empresas mudaram para uma maior especialização, sendo dada maior ênfase às competências especializadas que reflectem interesses mais individualizados entre os funcionários.

De um modo geral, o estilo de liderança dos gestores coreanos parece estar a mudar para uma maior ênfase na persuasão através da competência profissional. Isto não significa que a liderança esteja a tornar-se fortemente participativa. As hierarquias internas continuam a existir com firmeza e espera-se que os empregados apliquem rapidamente as directivas da direção, mas, no seu conjunto, o estilo de liderança dos gestores coreanos parece ter-se tornado mais suave e menos autoritário para se adaptar às atitudes dos jovens colegas que esperam ser instruídos profissionalmente sobre as políticas de gestão.

7. Acoplamento estratégico com o mundo global

A Coreia do Sul começou a ganhar fama com o seu crescimento económico nos anos 70. Foi anfitriã dos Jogos Asiáticos em 1987, dos Jogos Olímpicos de Seul em 1988, co-organizou com o Japão o Campeonato do Mundo de Futebol em 2002 e, contra todas as probabilidades, chegou à final four. Além disso, a Coreia do Sul acolheu e presidiu com êxito à Cimeira do G20 em Seul, em 2010, que foi a primeira cimeira do G20 a realizar-se fora de um país do G7. Em fevereiro de 2018, a Coreia do Sul acolherá os Jogos Olímpicos de inverno. Estes eventos internacionais, associados a fenómenos culturais recentes, como o K-pop e as telenovelas coreanas, contribuíram para a presença da Coreia do Sul no mundo global.

O mesmo aconteceu com o avanço económico da Coreia do Sul. No início da década de 60, a Coreia do Sul era um dos países mais pobres do mundo, com um IDH per capita ao nível da Etiópia. Atualmente, é membro da *Organização para a Cooperação e Desenvolvimento Económico* e tornou-se o primeiro país do mundo a mudar de estatuto, passando de recetor a doador de ajuda pública ao desenvolvimento. Embora *os chaebols* fossem protegidos a nível interno, foram forçados, à semelhança dos *keiretsu* no Japão, a competir internacionalmente contra empresas globais mais avançadas desde o início. A exposição dos "vencedores" nacionais à concorrência mundial, sem os proteger das influências do mercado global, constituiu uma parte importante da política sul-coreana. Por outras palavras, o Presidente Park Chung-hee combinou a economia de Estado com o mercado mundial e iniciou o processo de associação à economia mundial desde a fase inicial do desenvolvimento. O sistema estava longe de ser perfeito, mas conseguiu forçar *os chaebols* a esforçarem-se por se destacarem e a sofisticarem as suas capacidades de gestão. Este foi um dos factores-chave da história de desenvolvimento bem sucedido da Coreia do Sul e também do desenvolvimento das suas competências de gestão.

Desde o início dos anos 80, a Coreia do Sul tem vindo a adotar uma política económica mais liberal e um governo mais democrático. Logo após a proclamação da democracia em 1987, a classe trabalhadora insurgiu-se contra as condições de trabalho que se repercutiram num aumento exponencial do custo da mão de obra. Esta situação agravou o declínio da competitividade nacional e, juntamente com a má gestão das reservas cambiais do país, o excesso de empréstimos a curto prazo e as falhas na gestão da taxa de câmbio, resultou numa crise cambial. Esta situação acabou por conduzir ao resgate do FMI em dezembro de 1997. A Coreia do Sul aceitou as reformas económicas rigorosas impostas pelo FMI e, em 2001, reembolsou integralmente o FMI pelo resgate. Durante o período de crise, toda a nação trabalhou em conjunto para reunir e doar ouro ao governo para pagar a dívida externa da Coreia. No total, cerca de 3,5 milhões de pessoas em todo o país participaram neste movimento e contribuíram com cerca de 227 toneladas de ouro para pagar a dívida que atingiu cerca de 30,4 mil milhões de dólares.[92] Este movimento promoveu a

92 Prof. Seoil Chaiy (2012): Doing Business with Koreans. Página 44.

unidade entre os coreanos numa altura de dificuldades e demonstrou o poder da mentalidade de coesão da força de trabalho coreana para trabalhar para um todo maior (país, empresas), embora sofrendo benefícios pessoais. Atualmente, a resistência dos sindicatos na Coreia do Sul é muito dura, mas, no final, é capaz de chegar a um compromisso para salvar o todo.

A associação estratégica com o mundo global e os mercados globais foi um processo importante através do qual as empresas sul-coreanas puderam comparar as suas competências de gestão com outros modelos, aprender com o mundo exterior e ajustar os seus estilos de gestão.

Conclusão

O estudo explica os hábitos de comunicação, a cultura empresarial e as práticas de gestão das empresas coreanas no contexto mais vasto dos fundamentos culturais e das políticas económicas da Coreia do Sul. O modelo de gestão das empresas coreanas foi moldado por vários factores, principalmente pela cultura tradicional coreana baseada em valores confucionistas, pelo estilo de economia de comando durante o período de industrialização e pelas influências japonesas e americanas.

A forte ênfase no grupo em detrimento do indivíduo e a estrutura hierárquica da sociedade estão enraizadas nos padrões organizacionais de uma sociedade. Este padrão de relacionamento está também fortemente presente na cultura empresarial coreana e nos conglomerados coreanos chamados *chaebols*, onde a posição de um indivíduo nas hierarquias organizacionais é extremamente importante. Os superiores têm uma influência muito mais forte sobre os seus subordinados do que na cultura ocidental e os indivíduos que ocupam posições inferiores têm muita dificuldade ou mesmo impossibilidade de desafiar as ordens que lhes são dadas pelos seus superiores. A exposição das empresas coreanas, no final dos anos 90 e no início do novo milénio, aos mercados globais e às tendências da globalização, bem como a alteração da dinâmica da sociedade coreana, tiveram impacto nas suas práticas empresariais. A orientação para o crescimento, a rapidez e a flexibilidade são elementos básicos das *chaebols* coreanas na sua orientação estratégica para enfrentar a concorrência global. Além disso, a agressividade, o dinamismo e a coragem para assumir uma grande parte do risco empresarial fazem parte das suas práticas de gestão típicas, tornando-as bem sucedidas nos mercados internacionais. A liderança coreana nas empresas é apoiada por três características comuns subjacentes, como a forte centralização da autoridade de gestão, o apoio ao planeamento e ao controlo pelos gabinetes de planeamento dos presidentes e uma forte coerência intra-organizacional. As características morais coreanas, como o *jeong* e o *inwha,* desempenham um papel importante na eficácia das empresas coreanas. Os desafios a nível interno estão relacionados com as mudanças estruturais nas relações entre as empresas e o governo e com a quebra de tradições por parte da geração jovem, que está a mudar gradualmente a mentalidade da força de trabalho e a remodelar o sistema de valores. Os jovens tendem a comportar-se de forma mais individualista do que os seus pais, mas os valores confucionistas não desapareceram da cultura coreana e a estrutura hierárquica, a lealdade e a obediência dos subordinados aos seus superiores nas empresas coreanas permanecem intactas até hoje.

A cultura e a história de cada país contribuíram para o aparecimento de valores e costumes únicos no mundo e é por isso que as reacções de pessoas culturalmente diversas podem ser diferentes umas das outras. A facilitação do negócio global deve ser acompanhada pela superação das diferenças culturais. A aplicação deste conhecimento da cultura empresarial coreana pode ser fundamental para a crescente interação entre empresas ocidentais e asiáticas, bem como para a aprendizagem mútua de práticas de gestão.

Part VI

Os fundamentos culturais da China subjacentes às actuais opiniões em matéria de política externa

Herança de velhos hábitos de pensamento nos pensamentos modernos chineses

Introdução ao tema

Numerosos estudos comparativos indicam que as nossas mentalidades actuais são marcadas por fundamentos culturais e influenciadas por padrões de pensamento tradicionais. Diferentes culturas partilham diferentes níveis de incorporação de paradigmas de pensamento tradicionais nos nossos tempos modernos. Quando se comparam o Oriente e o Ocidente confucionistas, estas diferenças são bem evidentes, reflectindo um percurso histórico e uma hierarquia de valores distintos. O património cultural mais distinto e excecional entre os países da Ásia Oriental é, sem dúvida, atribuído à China.

Com o crescimento económico avassalador da China, as suas ambições políticas e a sua diplomacia ativa, que tem revelado perspectivas notavelmente diferentes das dos países ocidentais, a atenção é cada vez maior para as perspectivas chinesas das relações entre Estados. Consequentemente, os debates centram-se nos conceitos e ideias da China sobre a reformulação da futura arquitetura global. É difícil obter uma explicação complexa destas questões apenas de um ponto de vista económico e geopolítico óbvio. É necessário compreender os valores fundamentais e as visões do mundo chineses, que têm origem na filosofia chinesa. Existe investigação suficiente sobre as várias escolas de filosofia da China antiga no que respeita a noções morais, governação interna e relações internacionais. Este estudo analisa as semelhanças e diferenças entre as tradições e conceitos filosóficos chineses e ocidentais, relacionados com a ordem interestatal, e examina a influência dos paradigmas do pensamento chinês antigo nos decisores políticos chineses contemporâneos na abordagem dos assuntos globais. É dada uma atenção mais pormenorizada à compreensão da ideia chinesa de um mundo harmonioso e hierárquico, às analogias orientais e ocidentais na política real e nas estratégias de guerra, bem como às narrativas rejuvenescedoras dos líderes chineses nas suas tentativas de restaurar o estatuto de poder da China para a posição central da política mundial. [st]O estudo ilumina os aspectos relevantes e não relevantes dos antigos conceitos chineses de gestão das relações interestatais no século XXI e, numa busca de liderança global, analisa o futuro das relações sino-americanas como um fator-chave na configuração da arquitetura das relações internacionais.

A ideia principal do estudo é a de que os hábitos de pensamento e os antigos paradigmas de pensamento da política de Estado estão tão profundamente enraizados na mentalidade chinesa que ainda hoje moldam a política da China. Ao iluminar os antecedentes filosóficos e a ligação entre os conceitos antigos e as inclinações actuais do pensamento dos dirigentes e dos principais académicos chineses, o estudo contribui para uma melhor compreensão da ascensão da China e das suas ambições nos assuntos globais.

1. O arranque das relações interestatais na China e no Ocidente

De um modo geral, o principal conceito de relacionamento da China com o mundo exterior decorreu do quadro filosófico do universo harmonioso e hierárquico. Com base no sentimento de superioridade cultural da China em relação aos seus vizinhos, a China colocou-se no topo da ordem hierárquica mundial, com os outros países em posições de vassalagem e com deveres de tributo. Os principais conceitos chineses de relações internacionais foram desenvolvidos a partir dos fundamentos culturais do *taoísmo, confucionismo* e *moísmo*, que ensinavam a natureza primordial da ética sobre o direito na sociedade humana. Contra esta tendência, no século 3rd a.C., durante o período de crueldade, caos e guerras permanentes de todos contra todos, a *escola legalista* (*Han Feizi*) defendeu que a lei, enquanto instrumento de política, é mais eficaz do que a ética. Os legalistas desempenharam um papel fundamental na concretização do primeiro império unificado chinês, que se tornou realidade após o longo período dos *Estados Combatentes (475 - 221 a.C.),* que necessitava de um governante forte e de leis draconianas para estabelecer a ordem. Recusaram os valores éticos como princípio primordial de governação e enfatizaram o poder psicológico e físico dominante, a impiedosa ação do Estado e o poder da lei. Numa questão de décadas, os acontecimentos históricos inverteram esta tendência inicial e, pouco depois da criação do primeiro Império Chinês, os argumentos legalistas da *lei sobre a ética* perderam força a favor do conceito de *ética sobre a lei* do confucionismo e do taoísmo. [th]A partir da dinastia Song, no século XI, o ramo *realista* do confucionismo do Mestre Xunzi (310 - 219 a.C.), que defendia que o carácter humano é "mau" por natureza, deu lugar ao ramo *idealista* do confucionismo do Mestre Mencius (391 - 308 a.C.), que defendia que a predisposição humana é naturalmente "boa". Este conceito tem prevalecido como a principal corrente de interpretações confucionistas, com uma perspetiva fortemente ética até aos dias de hoje, centrando-se na defesa de relações harmoniosas tanto na sociedade como no mundo inter-estatal.

No Ocidente, a maior parte dos manuais ocidentais relativos às relações entre países começa com a Grécia e Roma antigas, avança pela Idade Média europeia e continua com a *Paz de Vestefália* (1648) e o período do *Iluminismo.* [r] Só após o surgimento dos Estados-Nação, na sequência da chamada *Guerra dos Trinta Anos* (1618-1648), é que começaram a surgir no horizonte intelectual ocidental reflexões sobre modelos de relações internacionais. Antes deste período, a história ocidental das relações internacionais baseava-se mais na conquista e na expansão do que na gestão. *O Tratado de Vestefália* é considerado, numa perspetiva tradicional, como um marco histórico no hemisfério ocidental devido à construção de um modelo de relações internacionais baseado no princípio da integridade territorial dos Estados (mais tarde, Estados-nação) que está na base do sistema internacional moderno. A soberania dos Estados sobre o território e os assuntos internos começou a ser aceite como um princípio do direito internacional. À medida que a influência europeia se espalhou pelo mundo, os princípios do *sistema de Vestefália tornaram-se* fundamentais para o direito internacional e para a ordem mundial vigente. [th]Por outras palavras, no pensamento ocidental, antes do século XVII, a noção de gestão de situações de conflito no que respeita às relações internacionais quase não era mencionada, ao contrário dos pensadores chineses.

No que se refere às relações entre o Ocidente e o Oriente, o Ocidente só começou a reconhecer mais profundamente as sociedades não ocidentais durante os séculos XIX e XX. Já nessa altura, a mente ocidental encarava a Ásia através do prisma do poder e do domínio cultural no contexto da colonização, e não como um ator internacional com objectivos de política externa ou valor por direito próprio.

É igualmente necessário notar que é possível encontrar certas analogias entre o Ocidente e o Oriente na gestão das relações inter-estatais e fortes semelhanças nas abordagens da realpolitik entre a Escola Legalista na China e a arte de governação de Maquiavel no Ocidente, bem como nas estratégias de guerra, embora o intervalo de tempo entre estes conceitos seja superior a 2000 anos.

2. Antecedentes filosóficos dos antigos conceitos de ordem internacional

Existem vários conceitos filosóficos e fundamentos culturais divergentes entre o Ocidente e o Oriente confucionista que, historicamente, têm contribuído para a formação das atitudes destas diferentes partes do mundo em relação ao mundo exterior. No caso do Oriente confucionista, a principal incubadora de paradigmas de pensamento foi a China.

As diferentes abordagens filosóficas manifestaram-se em diferentes atitudes conceptuais chinesas e ocidentais ao lidar com o mundo exterior. Estas podem ser encontradas, para mencionar pelo menos algumas delas, em conceitos como complementaridade versus dicotomia, transformação versus teleologia, gestão versus resolução, prevenção de conflitos versus vitória em conflitos, focalização nas circunstâncias versus focalização nos adversários, modo de ação por defeito versus modo de ação por conceção, focalização nas consequências versus focalização nos objectivos, perceção da concetualização versus perceção de questões específicas, visão do mundo como um quadro de harmonia versus o mundo da liberdade, bem como procura de harmonia na diversidade versus unidade na diversidade.

Entre os conceitos supramencionados, o estudo analisa aqueles que demonstram ter alguma relevância na formação de abordagens antigas de gestão de assuntos inter-estatais.

2.1. A harmonia e a hierarquia como valores fundamentais na gestão das relações

O valor central da cultura tradicional chinesa, no que diz respeito à sociedade e às relações inter-estatais, é o conceito de harmonia e o conceito de ordem hierárquica do Universo. A harmonia (*Hexie*) é, de facto, um sistema ideológico completo que consiste não só em valores, mas também numa filosofia com a sua própria visão do mundo. O conceito de harmonia inclui princípios como a filosofia *Tai Chi* e a dialética *yin-yang* que ajudam as pessoas a compreender as origens dos seres humanos e a evolução da sociedade, bem como as relações entre o homem e a natureza, entre os seres humanos e a conetividade entre a mente e a alma.

A ideia de harmonia está ligada a uma ideia de ordem hierárquica do Universo que se reflecte em todos os seus derivados conceptuais, incluindo a sociedade humana e a interação inter-sociedade. Com base nestes princípios, os antigos sábios chineses criaram um sistema ideológico que procurava alcançar um equilíbrio harmonioso no mundo baseado numa estrutura vertical[93] em que cada pessoa tinha de se identificar com o seu papel social na sociedade, bem como cada Estado tinha de aceitar a sua posição subordinada à China como centro do Universo e respeitar este tipo de relações estruturais como uma ordem natural.

Na China, a ênfase predominante na gestão de relações harmoniosas através de modelos organizacionais adequados da sociedade causou a falta de dinamismo social e resultou numa sociedade muito estável, mas passiva, sem grandes mudanças no sistema socioeconómico durante dois milénios. A manutenção da harmonia foi feita à custa do respeito pelos direitos individuais do ser humano, que foram ignorados em prol do funcionamento efetivo do "todo". Em contrapartida, as sociedades ocidentais, baseadas no individualismo, mantiveram-se abertas, expansivas e muito vibrantes em termos de progresso social. Quando surgiu o confronto entre o Ocidente e o Oriente, este último estava destinado a ser eclipsado pelo primeiro.

2.2. Percepções dos opostos e dos adversários

Na perspetiva chinesa, existe uma dinâmica inerente ao universo que converte o desequilíbrio em equilíbrio, a incoordenação em coordenação e o desequilíbrio em equilíbrio. Esta dinâmica manifesta-se através da interação dos opostos (pólos opostos) que lutam mas também cooperam entre si. Através da interação destes "pólos", o Universo entrou em movimento e, através deste princípio, toda a natureza, bem como o domínio social, está a funcionar.

A perceção chinesa dos opostos tem origem no *taoísmo* e na interpretação dos princípios *yin- yang*. Ao contrário do pensamento ocidental, no Oriente existe uma interpretação diferente do funcionamento destes "opostos". As partículas opostas são consideradas, para além do seu carácter contrastante, também como elementos mutuamente dependentes, complementando-se, condicionando-se e transformando-se mutuamente. Praticamente todas as escolas de pensamento da Ásia Oriental estão direta ou indiretamente associadas a este conceito que implica a dependência mútua e a interligação de toda a natureza. Este quadro filosófico também teve impacto nas atitudes chinesas relativamente às relações homem-homem, bem como na forma de encarar os adversários e o mundo exterior.

A principal preocupação dos pensadores chineses era a procura de um "Caminho" (*Dao*) para respeitar estes princípios de modo a promover a coexistência de numerosos elementos contrastantes. A gestão e a manutenção de relações harmoniosas constituíam o cerne dos seus esforços. A visão dos opostos/oponentes/inimigos como elementos complementares e mutuamente condicionados/transformadores, em vez de sujeitos irreconciliavelmente conflituosos,

93 Zhang Lihua (2013): China's Traditional Values and Moderen Foreign Policy" [Os Valores Tradicionais da China e a Política Externa Moderna]. Carnegie - Tsinghua. Centro de Política Global.

subscreveu a tendência chinesa para ver a situação de uma forma complexa, concentrando-se mais na manutenção das linhas de interação entre os sujeitos do que nos próprios sujeitos. Por outras palavras, as mentes chinesas foram atraídas pela mestria de gerir relações e situações em vez de eliminar adversários. Deste modo, a "abordagem de gestão" representou a base do pensamento da Ásia Oriental em situações de crise.

Em contrapartida, a cultura ocidental, a começar pelos gregos, adquiriu uma lógica dicotómica de separação de elementos opostos, considerando-os não só como contrastantes, mas sobretudo como conflituosos na sua natureza. É verdade que podemos encontrar na escola de pensamento de Heráclito uma abordagem semelhante à da mente oriental, mas nunca se tornou o ponto central do pensamento ocidental. Pelo contrário, foi Pitágoras que infundiu no Ocidente a ideia de alma, que existe independentemente do corpo e representa o "ser" absoluto do universo. O conceito de alma eterna influenciou ainda mais Platão e Aristóteles e, subsequentemente, tornou-se o pilar do sistema de pensamento ocidental. Mais tarde, a ideia grega de alma e o conceito judaico-cristão de espírito fundiram-se. A dicotomia entre o mundo físico e o mundo espiritual, como reflexo da divisão entre "opostos", foi ainda mais apoiada durante o período do Renascimento por R. Descart e a sua abordagem dualista do corpo e da mente. Como resultado, a perceção dos opostos como elementos separados no pensamento ocidental contribuiu para a ignorância da conetividade e da dependência mútua de assuntos opostos. No contexto social, o adversário/inimigo era abordado como um elemento conflituoso e não complementar, com a ambição de o aniquilar em vez de o assimilar ou transformar. É por isso que o pensamento ocidental tende a concentrar-se mais na luta contra os adversários do que na gestão das situações para evitar conflitos.

Em termos mais gerais, o Ocidente centrava-se mais em acções orientadas para objectivos e soluções de conflitos, ao contrário da abordagem chinesa, que se centrava nas circunstâncias e na gestão de um ambiente em permanente transformação.

2.3. Gestão da situação em vez de resolução de conflitos

A gestão é orientada para a situação, enquanto a resolução é orientada para o problema. A noção de harmonia levou a China a centrar-se nas circunstâncias e a gerir as situações com o objetivo de não permitir que a crise que se avizinhava ficasse fora de controlo. Por outro lado, o Ocidente, com a sua ênfase na liberdade e na individualidade, "permitiu" que surgissem muitos conflitos, o que levou o Ocidente a concentrar-se em problemas específicos e em soluções para os conflitos.

Na conceção chinesa, a emergência de conflitos ou guerras, ao contrário do Ocidente, significava o fracasso da gestão na sua fase inicial e a incapacidade de cuidar da situação em conformidade antes do momento em que o conflito rebentou. Consequentemente, a vitória na guerra era considerada na China apenas uma parte de um "todo" maior e o objetivo final era a prevenção de conflitos e não a vitória em conflitos. A ênfase ocidental na resolução dos conflitos exigia um problema claramente definido a ser alcançado através de uma ação determinada e decisiva. A vitória no conflito significava o fim de um problema. A história ocidental demonstra esta atitude ao dar ênfase aos actos de heroísmo, à glorificação da vitória e à conquista dos inimigos no campo de batalha. Heróis de Alexandre a César, Carlos Magno, Napoleão e conquistadores - todos eles confirmam esta tendência.

Em consequência, a China tornou-se uma cultura orientada para a *gestão* e o Ocidente para a *resolução*. Este facto, por sua vez, levou ambas as culturas a proporem objectivos contrastantes para as relações entre Estados. A abordagem chinesa sublinhou a importância da *prevenção de conflitos*, tendo em conta as consequências dos conflitos, ao passo que o Ocidente salientou a urgência da *vitória na resolução de conflitos* como o objetivo final do processo de resolução. Isto representa objectivos diferentes em termos de inclinações de pensamento, bem como de esforços. A mente chinesa concentrou-se nas *circunstâncias*, enquanto a mente ocidental se concentrou nos *adversários.*[94]

As diferenças culturais entre a China e o Ocidente também se reflectiram na aplicação da "Regra de Ouro" na gestão de situações e na resolução de conflitos. A sabedoria chinesa *Não faças aos outros o que não queres que te façam a ti (Analectos, 15:24)* é diferente da ocidental *Faz aos outros o que queres que te façam a ti (Mateus 7:12, Lucas 6:31)*, embora ambas as formulações tenham a mesma intenção. A primeira é a abordagem confucionista, que representa uma atitude passiva e não intervencionista, e a segunda é a abordagem cristã, o oposto, que expressa uma atitude ativa, proselitista e mais intervencionista.

3. Características comuns da "realpolitik" no Leste e no Ocidente

É difícil encontrar na história do pensamento humano dois pensadores políticos tão semelhantes como Han Fei (280 - 233 a.C.) e Maquiavel (1469 - 1527). [95] Viveram em épocas muito diferentes, com quase dois milénios de diferença, mas ambos viveram em tempos de guerras permanentes e de caos e ambos quiseram restaurar a ordem no meio da guerra que caracterizava os respectivos períodos. No caso de Han Fei, era o período dos Estados Combatentes na China, no caso de Maquiavel, havia cidades-estado em conflito na Europa, perturbando constantemente a paz e a ordem dos seus mundos. Eles simplesmente concentraram-se na máxima eficácia da governação estatal. [th]No século XX, alguns pensadores ocidentais classificaram a política de Maquiavel como *realpolitik.* Han Fei também pode ser incluído nesta categoria de teorias do Estado. Era conhecido como o teórico central da Escola do *Legalismo* na China, que colocava a tónica na lei e não na ética.

Nem Han Fei nem Maquiavel utilizaram o termo *realpolitik,* mas partilharam a mesma orientação básica para maximizar os métodos de governação da sociedade. Ambos descreveram a forma como a humanidade se comportaria do ponto de vista de um governante, dissociando completamente a humanidade do conceito de ética. Com

94 Y.J.Choi (2015): East and West: Rise of east Asia and Fundamental sof Interantional Relations. P. 133

95 Han Fei e Maquiavel Perspetiva Política Não-Moral. Centro de Estudos, Post Time 2012. http://thediplomat.com/2015/01/why-we-should-study-chinas-machiavelli/

o objetivo de restaurar a ordem, exortaram os governantes a tomar medidas eficazes. No caso de Han Fei, através de leis draconianas e, no caso de Maquiavel, com um completo desrespeito pela ética. Davam demasiada importância ao realismo em favor da eficácia. Nos seus livros *Han Feizi* (livro epónimo de *Han Fei* com mais de cem mil palavras) e *O Príncipe* (obra de Maquiavel com vinte e seis capítulos), a ideia comum pode ser resumida como "as regras do jogo limpo não se aplicam na guerra". No Oriente, *Han Feizi foi* apreciado pelo seu realismo inabalável, no Ocidente *O Príncipe sintetizou* a essência da *realpolitik*. Ambos enumeram elementos semelhantes de política à disposição do governante. Maquiavel escolheu a lei, a astúcia da raposa e o poder do leão, Han Fei considera a lei, o *shu* e o *shi*. Os dois últimos termos não têm equivalente na cultura ocidental, embora *shu* se aproxime do termo *método, manipulação, tato, arte* e *shi* do termo *autoridade, posição, poder*. Para Maquiavel, a lei era menos um princípio fundamental e mais um instrumento de realpolitik. Para Han Fei, a lei tinha um duplo objetivo: ser um instrumento de política de Estado e de boa governação.

Este artigo argumenta que, numa época e num contexto cultural completamente diferentes, Maquiavel e Han Feizi adoptaram um paradigma de conceção política semelhante, o realismo, e que existe uma semelhança espantosa entre eles, através do tempo e do espaço. O seu ponto comum reside na sua ideologia política de uma profunda preocupação com a prática política. Não há dúvida de que ambas as concepções políticas reflectem tratamentos históricos distintos e diferenças de desenvolvimento económico, social e cultural dos respectivos países e que, depois deles, a China e os países ocidentais seguiram caminhos políticos completamente diferentes. Mas a comparação entre Han Fei e Maquiavel revela muitos pontos de vista comuns que se reflectiram nas respectivas *Realpolitik* oriental e ocidental.

4. A arte da guerra no Oriente e no Ocidente

Quando se pensa na arte da guerra e nos estrategas, muitos nomes podem vir à mente. Recordando a última Segunda Guerra Mundial, nomes como Patton, Rommel, Montgomery, Zhukov seriam certamente mencionados em qualquer conversa. Certamente que se falaria de Napoleão e Frederico, o Grande, a propósito de guerras de épocas anteriores, e de Caio Júlio César e Alexandre, o Grande da Macedónia, da Antiguidade. A lista de guerreiros notáveis da história seria interminável mas, mais do que qualquer indivíduo, há dois livros que influenciaram fortemente o estudo da condução das guerras, a obra *Sobre a Guerra* de Karl von Clausewitz no Ocidente e a obra *A Arte da Guerra* de Sun Tzu no Oriente.

O livro *A arte da guerra* é atribuído a Sun Tzu que viveu no final do período *da primavera Outonal* (770 - 479 a.C.) que precedeu o período dos *Estados Combatentes* (475 - 221 a.C.). A obra de Sun Tzu é considerada como uma das mais importantes das Sete Guerras.

Clássicos militares na China, utilizando mesmo nos dias de hoje estratégias empresariais e de gestão das relações interpessoais. O livro de Clausewitz "*A Guerra*" é, em muitos aspectos, o seu equivalente europeu mais próximo. [th]O general e teórico militar prussiano Karl von Clausewitz (1780 -1831) adquiriu a sua experiência militar durante as guerras napoleónicas do início do século XX e é considerado um dos mais influentes teóricos estratégicos ocidentais sobre a guerra. [96]

Apesar de Sun Tzu e Clausewitz estarem separados na história por mais de dois mil anos, são ambos muito estudados e elogiados pelos seus conselhos sobre a luta na guerra. Partilham muitas ideias, mas também abordagens divergentes.

Talvez o contraste mais marcante entre eles esteja nos seus diferentes meios para atingir o objetivo da vitória. Sun Tzu defende que a melhor forma de alcançar a vitória é fazê-lo sem lutar de todo. Ele declara que "subjugar o inimigo sem lutar é o auge da habilidade".[97] Os métodos preferidos para o sucesso nestas matérias seriam o uso da diplomacia, da propaganda e de agentes secretos. Ao minar os planos e os aliados do inimigo desta forma, a necessidade de uma batalha real torna-se desnecessária para a vitória. Clausewitz discordaria. Um dos conceitos-chave de Clausewitz era o de um centro de gravidade, atacando o exército, a capital ou o aliado do inimigo, essencialmente o que quer que seja o principal centro do seu poder. Na opinião de Clausewitz, o centro de gravidade do inimigo é "o ponto para o qual todas as nossas energias devem ser direccionadas". [98] Assim, em contraste com a ideia de Sun Tzu de ganhar a vitória sem lutar, Clausewitz sublinha a luta como a chave do sucesso. Na mente de Clausewitz, o objetivo do combate era destruir o exército inimigo.

Outra área de divergência entre estes dois teóricos da guerra é a noção de previsibilidade de uma guerra. Sun Tzu considera que uma guerra é um acontecimento bastante previsível e mesmo quando rebenta é possível prever qual o lado vitorioso e qual o derrotado. Clausewitz via as coisas de forma muito diferente. Tendo sido soldado desde a sua adolescência, conheceu em primeira mão a confusão do campo de batalha. Na sua opinião, um comandante pode ter os melhores planos, mas o "nevoeiro" do campo de batalha pode "impedir que o inimigo seja visto a tempo, que uma arma dispare quando deveria disparar, que um relatório chegue ao comandante". O autor fala de factores incontroláveis que tornam os planos, muitas vezes, quase inúteis.

Sun Tzu valoriza a vitória política sem envolvimento militar e concentra-se no dia seguinte à batalha, na assimilação e não na aniquilação do inimigo. Desta forma, Sun Tzu considera o inimigo como um possível aliado posterior e reflecte sobre a forma de subjugar e assimilar o exército inimigo sem o aniquilar. Clausewitz, por outro lado, trata o inimigo como um adversário permanente a ser totalmente aniquilado. Sun Tzu prefere uma guerra de estratégia Clausewitz prefere uma guerra decisiva de aniquilação. Tanto Sun Tzu como Clausewitz são motivados pelo princípio da auto-preservação no seu próprio ambiente. A diferença entre eles reside no facto de se concentrarem nos métodos para atingir os seus objectivos.

---

96 Ando (2008): Clausewith vs Sun Tzu. Tempo passado

97 Sun Tzu: A Arte da Guerra. Texto integral. Traduzido por Lionel Giles

98 Clausewitz: On War, excertos relativos ao termo "Center[s] of Gravity

5. Gestão dos desafios globais do século XXIst

A política mundial contemporânea deve ser tratada como um todo dinâmico com questões que se tornaram centrais na política internacional. Deve ser dada uma atenção específica a questões prementes, como os Estados falhados, as guerras civis, o terrorismo, as disputas territoriais, os sentimentos históricos, o desenvolvimento securitizado, os esforços de construção da paz, os movimentos de resistência globais, as políticas de migração, a saúde global e o ambiente, para enumerar pelo menos algumas delas. A dimensão dos desafios exigirá a cooperação da comunidade internacional com a mobilização de todos os instrumentos eficazes de gestão das situações, a fim de atenuar as tensões e prevenir os conflitos.

5.1. Contexto das relações internacionais no século XXIst

A frequência das mudanças está a aumentar rapidamente, a imprevisibilidade torna-se a norma das relações internacionais e a gestão da diversidade de tensões e situações está a tornar-se o imperativo do dia, mais do que antes. [st]Com base no conceito oriental de *yin-yang*, o mundo tem vindo a passar de abordagens *yang* com características expansivas para o contexto de desafios com abordagens *yin* que requerem atitudes de gestão que se estão a tornar mais relevantes no ambiente do século XXI.[99]

O mundo está a tornar-se mais multipolar do que dominado por uma única potência; trata-se muito mais de expandir a influência através de um poder inteligente, com uma escala crescente de elementos culturais e económicos suaves, do que apenas de equipamento militar; trata-se mais do poder de dissuasão do que da utilização do poder em conflitos militares; e trata-se mais da cooperação da comunidade internacional para gerir problemas globais que são impossíveis de resolver com a capacidade de um único país. Isto deve manifestar-se através do poder de persuasão, por oposição ao poder de imposição. Por outras palavras, a "caneta em vez da palha" deveria estar na ordem do dia e a diplomacia preventiva, juntamente com a gestão pós-conflito, deveria estar mais no centro da política internacional para criar um ambiente político que diminuísse a necessidade de soluções para os conflitos.

Isto não quer dizer que o mundo estará livre de tensões, escaramuças, disputas, conflitos ou mesmo guerras, mas sim que o mundo está a tornar-se uma grande aldeia interligada através da globalização, que necessitará mais do que nunca de olhos de gestor do que de conquistador. [st]Isto deve-se, entre outros factores, ao facto de o ambiente político do século XXI se ter tornado mais circunscrito em termos geográficos e territorialmente estabelecido, por oposição às oportunidades de expansão e conquista de terras do passado. A era colonial terminou e o ambiente internacional em evolução obriga as nações a competir com a proeza económica e não com o poder militar, como fizeram durante milénios. A pilhagem a nu e os ataques habituais deixam de ser preferidos como métodos de auto-preservação que estão a dar à paisagem internacional o novo paradigma de comportamento.

O mundo começou a competir pelo poder económico através do comércio, da

---

99 Y.J.Choi (2015): East and West: Rise of east Asia and Fundamental sof Interantional Relations. P.

superioridade tecnológica e da influência da cultura e é mais interdependente, baseado na tecnologia e orientado para os valores.

5.2. Pressão crescente para a gestão das situações

Durante a "primavera Árabe", que teve início em dezembro de 2010 na Tunísia, os países ocidentais foram fortemente orientados para o apoio a movimentos democráticos com o objetivo de se livrarem de regimes ditatoriais. Um dos momentos decisivos ocorreu em outubro de 2011, com a morte do líder líbio Muammar Kadhafi. Em ambos os casos, os EUA e os seus aliados alcançaram o objetivo de derrotar regimes ditatoriais, mas parece que não foi dada atenção suficiente às consequências pós-conflito, que evoluíram para uma anarquia incontrolável em toda a região. O Estado Islâmico do Iraque e do Levante (EIIL) tornou-se uma das principais consequências desta situação e a causa de enormes problemas na Síria e no Médio Oriente.

Os conflitos civis causados por diferenças étnicas, religiosas e culturais tornaram-se uma das principais preocupações em matéria de segurança. Síria, Iraque, Iémen, Somália, Bósnia, Ruanda, Angola, Sérvia/Kosovo, Timor-Leste, Serra Leoa, Sudão e Sudão do Sul, República Democrática do Congo, Costa do Marfim, República Centro-Africana, para citar pelo menos alguns. A gestão destes conflitos tornou-se a nova tarefa da comunidade internacional. As forças de manutenção da paz da ONU representam um mecanismo específico que, em certa medida, é adequado para lidar com estes problemas, mas não em grande escala. A África é um continente que necessita de uma atenção especial para gerir os conflitos antes da sua eclosão, que tem impacto em vários domínios. A gravidade dos problemas africanos é séria e reflecte-se, na verdade, no facto de cerca de oitenta por cento dos recursos de todas as operações de manutenção da paz da ONU se destinarem a África.

O fenómeno dos refugiados e das pessoas deslocadas, as vagas de imigração maciça que começaram em 2015 a partir de zonas de conflito na Síria e no Norte de África para a Europa, é outro sintoma do fracasso destes países e da comunidade internacional em gerir a situação de crise. A continuação das vagas de migração mostra claramente a necessidade de abordar a causa dos problemas antes de a crise atingir a fase crítica, caso contrário a abordagem de solução de conflitos não terá capacidade para lidar com estas questões.

A Coreia do Norte representa uma ameaça nuclear crescente. O país recluso está a construir um arsenal nuclear e balístico, apesar das numerosas resoluções do Conselho de Segurança da ONU e dos apelos da comunidade internacional. Não é possível conceber um conflito militar com a Coreia do Norte, uma intervenção teria consequências desastrosas para toda a região, os regimes de sanções não são eficazes, os apelos da comunidade internacional são ignorados, o conflito parece estar congelado e a única hipótese é concentrar-se na gestão da tensão, recorrendo a uma diplomacia preventiva criativa e incorporando uma escala mais vasta de elementos na gestão da situação, a fim de evitar o conflito militar.

As ameaças assimétricas, a escala crescente do terrorismo, o fluxo de armas ilegais, a proliferação de armas ligeiras e de pequeno calibre, as armas nucleares, a ameaça persistente de minas terrestres, o tráfico de droga, os ciberataques e as escaramuças de disputas territoriais não resolvidas representam numerosos desafios para o mundo global. A enorme escala das ameaças é a razão pela qual o Ocidente e o Oriente serão pressionados a concentrarem-se na cooperação e na procura de métodos de gestão eficazes, em vez de permitirem a eclosão de conflitos.

6. Património mental chinês nos assuntos mundiais do século XXIst

Analisando os fundamentos culturais chineses e ocidentais relevantes para o mundo exterior, podemos encontrar diferentes paradigmas antigos de pensamento que resultam de quadros filosóficos básicos nas relações homem - natureza e homem - homem. Do lado chinês, a atenção centrava-se na forma de manter e gerir relações harmoniosas no contexto de uma estrutura hierárquica, não permitindo que a situação rebentasse em conflito, enquanto do lado ocidental a atenção se centrava em soluções eficazes para os conflitos que rebentavam como o "fim do jogo".

A mente chinesa estava inclinada a ter em conta o contexto mais alargado da situação e via o conflito como o resultado de uma gestão deficiente da manutenção de uma relação harmoniosa. A mente ocidental estava inclinada a elaborar métodos de solução para os conflitos iminentes que surgiam de todos os cantos. Na China, havia um imperativo social de apoiar uma estrutura harmoniosa "debaixo do céu", que se manifestava tanto nas relações intra-societárias como nas relações inter-estatais com ordem hierárquica. O ambiente geográfico circunscrito limitava o comportamento operacional da China, o mundo estável e harmonioso era o seu objetivo, a gestão das relações era o mecanismo para atingir este objetivo. O fator crucial em relação aos vizinhos foi a supremacia cultural chinesa, que permitiu a infusão da doutrina hierárquica das relações. A combinação destes factores impôs o modelo de gestão da situação em vez de soluções de conflito.

Em termos de relações internacionais, a harmonia na Ásia Oriental, no passado, foi conseguida à custa da ordem hierárquica com outras nações envolvidas. O sistema de harmonia oriental era condicionado pelo sistema de subordinação hierárquica e representava o padrão de relações *harmonia-hierarquia oriental.* O sistema ocidental opunha-se ao oriental devido à natureza rebelde que favorecia a expansão e a liberdade através de conflitos perigosos e dispendiosos. Isso criou o padrão de relações *ocidental* de *liberdade-conflito.* Ambos os conceitos tinham o mesmo objetivo de dominar os outros, embora com as suas diferenças conceptuais. O Ocidente habituou-se a notar a falta de liberdade no Oriente, enquanto o Oriente aponta para a falta de harmonia e de responsabilidade.

[st]A herança chinesa, que seria relevante para abordar a política mundial do século XXI, está definitivamente mais ligada ao lado filosófico da compreensão do carácter transformador da natureza do que ao padrão de harmonia-hierarquia das relações internacionais, que é um conceito inaceitável no mundo moderno. A perceção da visão do mundo dos processos em constante transformação, o enfoque no contexto mais amplo de situações conflituosas em vez de objectivos limitados, a aplicação de um comportamento moderado em vez de agressivo, o respeito adequado pelos

diferentes fundamentos culturais em vez da procura de uniformidade, a concessão de tempo adequado aos processos de evolução e o respeito pela soberania representam as abordagens que podem infundir mais perspectivas nas abordagens de gestão. Este tipo de herança corresponde ao conceito moderno ocidental de diplomacia preventiva e de gestão pós-conflito e, ao ser equiparado ao reconhecimento dos direitos humanos universais, contribuiria razoavelmente para as percepções gerais da resolução de conflitos. Aqui se pode encontrar a relevância dos paradigmas do pensamento chinês nos tempos modernos.

7. Unidade na diversidade ou harmonia na diversidade

O lema das Nações Unidas "unidade na diversidade", enquanto abordagem integradora das relações interculturais, tem por objetivo defender o liberalismo e o multiculturalismo do mundo, procurando celebrar a forma como um mundo pode ser mais forte se acolher diferentes elementos culturais, sociais e étnicos. Tem vindo a sugerir que, longe de ser enfraquecida por diferentes vertentes culturais, uma nação/grupo pode tornar-se mais forte através da aceitação dos muitos contributos diferentes dados pelas suas partes constituintes. Este lema vai para além da mera tolerância de outras divisões étnicas, culturais e religiosas, promovendo a ideia de que cada parte constituinte distinta dá um contributo válido que fortalece o todo.

A questão é que alguns países asiáticos, liderados pela China, viram na "unidade na diversidade" a agenda oculta do Ocidente para consolidar e institucionalizar os valores liberais ocidentais e colocar a tónica nos direitos e liberdades individuais em todo o mundo. A China estava a tentar mobilizar o apoio entre os países para o lema "harmonia na diversidade", com a conotação de respeitar não só os diferentes fundamentos culturais, mas também os diferentes sistemas socioeconómicos e a diferente hierarquia de valores, opondo-se à ênfase predominante na ordem liberal e nos direitos humanos. Por outras palavras, a China tentou utilizar, entre outros, este terreno para minar a aceitação do sistema de valores que o Ocidente considera universal e, ao infundir a ideia de "harmonia na diversidade", estava a tentar impor o princípio da não intervenção nos assuntos internos dos países que respeitam uma hierarquia de valores diferente, em que as liberdades e os direitos individuais não ocupam o primeiro lugar.

Em setembro de 2005, o Presidente chinês Hu Jintao proferiu um importante discurso perante uma audiência global nas Nações Unidas. Do pódio da Assembleia Geral, Hu apresentou o "Mundo Harmonioso" como um novo conceito de política global, explicando que o seu objetivo era "construir um mundo harmonioso de paz duradoura e prosperidade comum". Nesta nova ordem mundial, diferentes civilizações coexistiriam na comunidade global, tornando "a humanidade mais harmoniosa e o nosso mundo mais colorido".[100] Após o anúncio de Hu na ONU, a noção de mundo harmonioso foi explicada em dois documentos oficiais: o Livro Branco "A Estrada do Desenvolvimento Pacífico da China" (2005) e o "Relatório ao 17º Congresso do

100 Hu Jintao (2006): Making an Effort to Build a Sustainable, Peaceful, and United Prosperous Harmonious World, Discurso na Celebração dos 60 Anos das Nações Unidas. Diário do Povo, 16 de setembro de 2006, p. 1.

Partido" de Hu (2007). [101] As tentativas chinesas de infundir o seu lema na ONU, a mais alta organização internacional representativa do globo, acabaram por não ter êxito, mas a comunidade internacional notou claramente que a China estava a testar a viabilidade dos seus valores à escala global.

8. Ressonância da mentalidade histórica da China nos tempos modernos

É evidente que a China não está interessada em tornar-se o "membro honorário do clube ocidental" na arena mundial, mas gostaria de ter a sua própria influência, pelo menos nos assuntos regionais, se não mesmo mundiais, promovendo os seus próprios valores específicos. A China não é ocidental, nem predominantemente cristã, nem sequer filha do Iluminismo. O "Império do Meio" desenvolveu-se independentemente da filosofia ocidental e, na história moderna, reformulou as ideias estrangeiras, incluindo o marxismo e o capitalismo, de acordo com os seus próprios modelos de pensamento.

Reconhecendo a crescente influência da China na política mundial, o que precede é suficiente para justificar o estudo dos padrões de pensamento da China para uma melhor compreensão dos pensamentos chineses relacionados com a política mundial. Y.J.Choi, que efectuou uma investigação exaustiva sobre os conceitos culturais e os padrões de pensamento contrastantes do Ocidente e do Oriente, analisa as abordagens chinesas e ocidentais das relações internacionais no seu livro *East and West:* [st]*Rise of East Asia and fundamentals of international relations* e argumenta que haverá três tendências básicas na política global do século XXI: a co-evolução das relações sino-americanas, a armadilha Han Feizi/Machiavelliana entre ordem e desordem e a relevância do padrão oriental das relações internacionais. [102st]Este estudo não apoia as três conclusões, mas partilha a opinião de que, na procura da liderança global no século XXI, um dos factores mais cruciais para a formação do novo paradigma das relações internacionais é o fator chinês e o modelo das relações sino-americanas.

8.1. Narrativas do rejuvenescimento da China sobre o seu comportamento único de hegemonia

[th]São evidentes as tentativas dos líderes chineses de utilizar a reputação intelectual filosófica e antiga para defender a tentativa da China de regressar à sua posição passada após o século de humilhação que começou com as Guerras do Ópio em meados do século XIX. Os esforços da China são acompanhados pelo destaque de certas narrativas do seu passado glorioso e de histórias idealizadas ou semi-idealizadas. É curiosa a forma como os líderes e as figuras públicas chinesas utilizam as antigas elites filosóficas para dar poder, elevar ou justificar as suas práticas e princípios controversos. Isso dá-lhes um manto de legitimidade ao continuarem uma

---

101 Conselho de Estado, "China's Peaceful Development Road," Xinhua (Pequim), 22 de dezembro de 2005; Hu Jintao, "Hold High the Great Banner of Socialism with Chinese Characteristics and Strive for New Victories in Building a Moderately Prosperous Society in All Respects: Report to the Seventeenth National Congress of the Communist Party of China on October 15, 2007," <http://www. china.org.cn/english/congress/229611.htm>

102 Y.J.Choi (2015): East and West: Rise of east Asia and Fundamental sof Interantional Relations. P. 361

aparente tradição já estabelecida há muito tempo.

A investigação de Howard W. French, no seu livro *Everything Under the Heaven: How the Past Help Shape China's Push for Global Power,* e de John Pomfret, no seu livro *The Beautiful Country and the Middle Kingdom,* dá um contributo muito precioso a este respeito. Ambos iluminam o pensamento concetual dos líderes chineses e a continuação da mentalidade histórica da China nos tempos modernos. Este estudo partilha algumas das suas observações de apoio com o objetivo de realçar os paralelos dos antigos paradigmas chineses no comportamento político atual da China.

É possível observar estas tentativas na definição da agenda política do Presidente chinês Xi Jinping. Em 15 de novembro de 2012, no dia em que Xi Jinping se tornou Secretário-Geral do Partido Comunista Chinês, apelou ao "grande renascimento da nação chinesa"[103] que ressoou profundamente entre os chineses de hoje e evocou memórias históricas de uma época em que a China era um "centro" do mundo e recebia homenagens do resto do mundo. Xi Jinping não é o primeiro líder chinês contemporâneo a apelar ao renascimento nacional. Deng Xiaoping, Jiang Ziming e Hu Jintao também abraçaram o tema do rejuvenescimento, mas Xi Jinping destaca-se pela escala de esforços para alcançar o objetivo do renascimento da China na cena internacional. Articulou um novo tipo de relações entre grandes potências, em que a China gozaria do estatuto de potência mundial a par dos EUA. Pôs em marcha uma iniciativa estratégica e uma componente crucial da sua política externa - um plano maciço de infra-estruturas "*Uma Faixa, Uma Estrada*"[104] -, lançou um novo mecanismo de financiamento, *o Banco Asiático de Investimento em Infra-estruturas*, e reavivou reivindicações centenárias sobre o Mar do Sul da China, bem como sobre outras zonas disputadas. Por outras palavras, a retórica de Xi Jinping sugere que a China está simplesmente a reclamar o seu lugar na ordem global. Isto é feito com o objetivo de evocar memórias históricas da posição central da China e de dar a entender que, no passado, a China não necessitava do uso da força para dominar o mundo, mas que os seus avanços culturais e tecnológicos e as suas virtudes eram o elemento que gerava a deferência dos outros.

É difícil contestar os princípios básicos da China como potência preeminente na Ásia durante mais de 1300 anos, desde a dinastia Tang, em 618, até quase ao fim da dinastia Qin, em 1912.[105] Por outro lado, a história revela que as narrativas de rejuvenescimento dos actuais líderes chineses relativamente ao comportamento pacífico da China são idealizadas ou, pelo menos, semi-idealizadas. Existe um fosso significativo entre a autoimagem da China e a realidade geopolítica.[106] A verdade é

---

103 Texto integral: Discurso do Novo Partido da China Xi Jinping. http://www.bbc.com/news/world-asia-china- 20338586

104 South China Morning Post (2016): A estratégia One Belt, One Road de Xi Jinping está a mostrar um caminho para uma nova ordem mundial. 13 de dezembro de 2016

105 Willilam A. Callham (2013): China Dreams. 20 Visions of the Future. Oxford University Press. Liu MIngfu (2010): The China Dream. P.57

106 Elizabeth C. Economy (2017): History With Chinese Characterstics: Como o passado imaginado

que, durante o período acima referido, a China governou a região segundo o princípio da centralidade chinesa "tudo sob o céu" (*tian xia*), através de uma ordem hierárquica de relações sob a forma de um sistema de tributo pago pelos vizinhos.[107] Este sistema baseava-se no reconhecimento da superioridade cultural e política da autoridade chinesa e na submissão ao imperador chinês para obter privilégios comerciais com a China. Mas há também um outro lado desta história que prova que os vizinhos da China, como o Japão, a Birmânia, o Vietname e a Coreia, bem como alguns outros países, resistiram muitas vezes a este tipo de relações, rejeitaram abertamente o domínio chinês e lutaram contra as tentativas de domínio da China. Os líderes chineses mistificam a versão chinesa quando argumentam que a China, ao contrário de outras potências coloniais, geria os seus vizinhos através da bondade e da virtude e que, por isso, pouco utilizava o poder militar. Estas versões idealizadas do comportamento chinês têm por objetivo diluir as preocupações dos países da região e tentar promover a ideia enraizada de que a China era um tipo de hegemon fundamentalmente diferente.

O Primeiro-Ministro chinês, Li Keqiang, afirmou em Londres, no seu discurso, que "a expansão não faz parte do ADN chinês"[108] e Xi Jinping sublinhou o mesmo no seu discurso no Parlamento australiano, afirmando que "os países que tentaram atingir os seus objectivos de desenvolvimento com o uso da força falharam invariavelmente... É isto que a história nos ensina. A China está empenhada em defender a paz".[109] Na realidade, as dinastias chinesas invadiram muitas vezes as terras do atual Vietname e da Coreia, tentaram impedir as tradições locais, forçaram o uso de vestuário chinês e confiscaram literatura. A China também tentou retratar o famoso almirante da frota chinesa Zheng He (1371-1433 ou 1435), explorador e diplomata, durante o início da dinastia Ming, como um homem pacífico cuja missão era "difundir o conhecimento da majestade e da virtude do imperador". Na verdade, Zheng He era um agente do expansionismo chinês e, embora as suas expedições não tivessem por objetivo assegurar territórios, tinham por objetivo garantir a subordinação das nações à China, exigência que ele faria cumprir com o poder militar, se necessário. Entre todas estas tentativas, um dos principais estrategas chineses, Yan Xuetong, defende abertamente que a ordem mundial da China é superior porque envolve "submissão voluntária" a uma potência internacional que "é dona do mundo". Para além destas narrativas idealizadas, os líderes chineses tentam utilizar a reputação intelectual de antigos pensadores chineses para justificar as suas políticas internas. Xi Jinping citou várias vezes o ditado de Han Feizi "quando aqueles que defendem a lei são fortes, o Estado é forte. Quando são fracos, o Estado é fraco" para justificar a sua dura campanha anti-corrupção, o seu estilo de governo mais autoritário e para defender as suas acções em nome da sua autoridade.

---

da China molda o seu presente. Negócios Estrangeiros (julho/agosto de 2017). P.142

107 Zhang Feng (2010): O Sistema Tianxia: A ordem mundial na utopia chinesa. China Heritage Quaterly (21.3.2010).

108 Li Keqiang (2014): A China ama a paz, diz o primeiro-ministro, apesar das disputas regionais. Diário do Espaço. 18 de junho de 2014.

109 Discurso de Xi Jinping no Parlamento Federal da Austrália, em 17 de novembro de 2014.

Não se trata de questionar o quadro filosófico chinês que apoiava a moderação e a harmonização das relações dentro da sociedade, bem como com o mundo exterior. Este conceito teve definitivamente impacto na inclinação do pensamento da mente chinesa. Por outro lado, a história mostra que a política real esteve muitas vezes longe dos antecedentes filosóficos da China e que a China não deixou de ter impulsos expansionistas e coloniais e, tal como outras potências imperiais, utilizou a força ao serviço da expansão territorial. Quando a gestão da situação e a garantia de influência nos territórios vizinhos falharam, a China recorreu à força. As afirmações dos funcionários chineses de que a China é diferente das outras potências, não colonial, não intervencionista, mas pacífica, são um exercício propositado para revitalizar as ideias da singularidade da China, bem como para acalmar e apaziguar as preocupações dos seus vizinhos relativamente ao seu crescente poderio militar.

Desmitificar o passado da China traz um valor acrescentado ao debate político sobre a natureza da ascensão da China e os desafios associados. Enquanto Pequim afirma que a China cresceria pacificamente como uma potência responsável para construir um mundo harmonioso no âmbito do atual sistema internacional, a China mostra, paralelamente, a sua sede de um sistema mundial baseado nas tradições chinesas, pelo menos no quadro regional.

9. O crescimento da China como uma ascensão de diferentes conceitos de valores

A influência dos valores tradicionais chineses na comunidade internacional não tem sido tão pronunciada como a influência dos valores ocidentais modernos. À medida que a China se vai tornando rapidamente o centro da cena política mundial, a questão do objetivo internacional e da política externa desta potência emergente está a tornar-se uma questão importante. A posição oficial do governo chinês é frequentemente muito vaga no que se refere à missão internacional da China, à forma como poderá concretizar a sua agenda e à existência de um plano de ação. Por outro lado, a elite intelectual interna da China tem vindo a apresentar um conjunto diversificado de argumentos sobre o futuro papel internacional da China. O poder intelectual destes pontos de vista emergentes influencia, em diferentes graus, as opções políticas da China e merece uma atenção especial.

Este estudo reúne duas tendências de pensamento influentes nos círculos intelectuais da China - Liu Mingfu, coronel sénior do Exército de Libertação Popular, que defende a força militar da China como instrumento de dissuasão, e Zhao Tingyang, académico distinto que defende uma abordagem suave através da aplicação do velho paradigma chinês de um mundo harmonioso.

Zhao Tingyang é um influente pensador chinês, professor no Instituto de Filosofia da Academia Chinesa de Ciências Sociais, em Pequim. Zhao Tingyang é um pensador chinês influente, professor no Instituto de Filosofia da Academia Chinesa de Ciências Sociais, em Pequim. Começou por chamar a atenção com o seu livro de 1993, On possible lives: a theory of happiness and justice, e atingiu o estrelato com o seu livro de 2005, The All-Under-Heaven System: Uma introdução à filosofia de uma instituição mundial. **A** sua apropriação da ideia de "tianxia" (tudo sob o céu) tem sido amplamente debatida, positiva e negativamente, tanto na filosofia como nos círculos internacionais. Acreditando que a China pode tornar-se um novo tipo de grande potência - responsável por todo o mundo, mas de uma forma diferente dos impérios históricos - Zhao pretende criar novos conceitos sobre o mundo e as instituições mundiais, promovendo a ideia de *tianxia* como unidade central na análise da política mundial. Zhao encontra muitas insuficiências nas actuais teorias ocidentais das relações internacionais, nomeadamente a sua ênfase exclusiva no Estado-nação como unidade de análise. Na sua opinião, o mundo atual ainda é um *não-mundo* e o verdadeiro problema que enfrentamos não são os chamados *Estados falhados*, mas um *mundo falhado*. Critica as teorias ocidentais por contribuírem para este *mundo falhado* com a sua ênfase no Estado-nação e afirma que a teoria chinesa da *tianxia*, que vai buscar os seus principais ingredientes ao pensamento chinês antigo, pode remediar esta deficiência crítica. Defende que a teoria *tianxia* oferece um modelo alternativo e muito melhor de uma futura ordem mundial que tem em conta os interesses de todo o mundo, independentemente dos seus elementos constituintes. [110] A insistência de Zhao na necessidade de "repensar a China" significa repensar o significado da China, da cultura chinesa e da filosofia chinesa, e fazê-lo do ponto de vista da China. Segundo Zhao, o significado histórico de "repensar a China" reside no esforço para restaurar a capacidade de pensar da própria China, de modo a que a China volte a estabelecer os seus próprios quadros de pensamento e conceitos fundamentais, volte a criar a sua própria visão do mundo, valores e metodologia, e ... reflicta sobre o futuro da China ... e sobre o papel e as responsabilidades da China no mundo. O autor contrasta o "repensar" da China com o "discutir a China", em que a China é o objeto de análise, mas não necessariamente o sujeito ativo que a realiza.[111] Abordando o confucionismo, defende que o confucionismo não deve ser entendido como "acabado" ou completo e que precisa de responder dinamicamente aos desafios e passar do "conhecimento local" para o "conhecimento universal". Os pensamentos de Zhao Tingyang representam uma forte onda de pensamento intelectual dentro da China e a sua popularidade prova o forte sentimento entre os círculos intelectuais chineses de trazer as visões do mundo e os valores da própria China para as instituições mundiais e as relações internacionais.

O sonho da China, de Liu Mingfu*: The Great Power Thinking and Strategic Positioning of China in the Post-American Age", de Liu Mingfu,* gerou um enorme interesse local e global quando foi publicado em 2010. Liu é um coronel sénior do Exército de Libertação Popular (ELP) na Universidade de Defesa Nacional da China (NDU), pelo que o seu trabalho poderá refletir uma parte das opiniões dos militares. Em contraste com as políticas de Pequim de ascensão pacífica e mundo harmonioso, Liu afirma que, para proteger a sua ascensão económica, a China precisa de ter uma "ascensão militar" para contestar a hegemonia americana. Adverte que a China não deve esforçar-se por se tornar uma superpotência económica como o Japão, o que

110 Zhang Feng (2010): O Sistema Tianxia: A Ordem Mundial na Utopia Chinesa. China Heritage Quaterly

111 Zhao Tingyang sobre Repensar a China. Urdidura, trama e caminho. Filosofia chinesa e comparada

faria da China um "cordeiro gordo" que correria o risco de ser engolido por rivais militares.[112] Para ser uma nação forte, um país rico precisa de converter o seu sucesso económico em poder militar. Em vez de seguir a política de paz e desenvolvimento de Deng Xiaoping de "transformar espadas em relhas de arado", Liu diz que a China precisa de "transformar alguns 'sacos de dinheiro' em 'cintos de munições'". Liu argumenta que *O Sonho da China* não vê o conflito com os EUA como inevitável. A ascensão militar da China não é para atacar a América, mas para garantir que a China não é atacada pela América. Liu está a utilizar a lógica da dissuasão para sublinhar que a China deve procurar a paz através da força: a sua ascensão pacífica ao estatuto de grande potência deve incluir uma ascensão militar com características chinesas que seja defensiva, pacífica, limitada, necessária, importante e urgente. O objetivo desta ascensão militar pacífica é "aproveitar a oportunidade estratégica para reforçar as forças armadas", a fim de ultrapassar a América e tornar-se a potência militar número um do mundo.[113] O próprio Liu sublinha que o seu livro não é um reflexo da política oficial e que foi escrito para um público de massas e publicado por uma imprensa comercial, mas a verdade é que reflecte uma forte corrente do pensamento chinês.

Os sentimentos históricos de centralidade da China no passado estão fortemente presentes na opinião pública chinesa. O comportamento da China está, lenta mas agressivamente, a "mostrar armas" para criar o seu próprio espaço na região, com uma influência crescente e auto-afirmativa. A rejeição pela China da decisão do Tribunal Permanente de Arbitragem que considerou sem mérito a reivindicação de todos os territórios do Mar do Sul da China dentro da chamada "linha das nove linhas" exemplifica o sentimento tradicional da China de que o seu estatuto de grande potência lhe permite ignorar o direito internacional. A retaliação económica da China contra Seul por causa da instalação do sistema Terminal High Altitude Area Defense (THAAD) liderado pelos EUA em 2016/17 é outro exemplo do comportamento da China em relação aos seus vizinhos. A China enviou à Coreia do Sul uma mensagem clara de que não se preocupa com as suas preocupações de segurança nacional face à ameaça nuclear norte-coreana, mas que a penalizará, bem como a outros vizinhos, se o seu comportamento não corresponder à arquitetura de segurança da China, que é vista predominantemente através do prisma da concorrência com os EUA. Além disso, a China está a tentar tomar iniciativas para forjar o seu domínio económico na região através de instituições regionais sob o seu domínio, como as Infra-estruturas Asiáticas

Banco de Investimento ou Parceria Económica Regional Abrangente Pan-Asiática com o objetivo de limitar a influência dos EUA.

Em suma, o comportamento da China na região reflecte o sistema de tributo imperial

112 William A. Callham (2013): China Dreams. 20 Visions of the Future. Oxford University Press. P.58

113 Liu MIngfu (2010): O sonho da China. P.58. Ver também Chris Buckley: China PLA Officer Urges Challenging U.S. Dominance" [Oficial do Exército de Libertação do Povo da China pede para desafiar o domínio dos EUA]. Reuters. 1 de março de 2010

do passado, transmitindo aos vizinhos a mensagem de que, para garantir a prosperidade, a China espera deferência, mas que esse é um pequeno preço a pagar pela estabilidade e pela co-prosperidade. [114] A nível mundial, a China está a difundir os seus valores culturais através da criação de centros culturais financiados pelo governo, denominados Institutos Confúcio, em todo o mundo, bem como da difusão de programas de rádio e televisão estatais em língua inglesa.

10. As relações sino-americanas como fator-chave da futura liderança mundial

Para as relações internacionais, enquanto área de estudo, há uma clara implicação de que já não se pode partir do princípio de que o mundo continuará a funcionar apenas de acordo com as construções de pensamento ocidentais. A China, enquanto potência mundial em mais rápida ascensão, já se tornou um par dos EUA, ainda que não tenha atingido a paridade militar ou económica.

[st]É geralmente reconhecido que as relações sino-americanas serão o principal fator de influência para a paz e a estabilidade no século XXI. O ressurgimento da China como potência económica mundial levanta questões importantes sobre o que se pode aprender com a sua anterior ascensão e queda e sobre as ameaças externas e internas com que a superpotência económica emergente se confronta no futuro imediato.[115] Neste contexto, a compreensão dos antecedentes dos padrões de pensamento dos líderes e intelectuais influentes da China, tal como foi indicado acima, contribui para uma melhor perceção da dinâmica das relações entre a China e os EUA, bem como para a formação da futura liderança global.

[st]As relações sino-americanas no século XXI enfrentam muitos desafios no que diz respeito ao reequilíbrio do poder, incluindo questões militares, económicas e culturais que se manifestam em numerosas áreas das relações bilaterais e multilaterais. Com base nos fundamentos culturais divergentes entre o Oriente e o Ocidente, é possível ver nestes desafios, para além da "batalha" pelo poder, um denominador comum - os esforços da China para espalhar a sua influência e a sua hierarquia de valores, pelo menos na região circundante, e para ganhar mais peso nos assuntos globais. Estas tentativas estão a decorrer em várias frentes das actividades da política externa chinesa.

O quadro mais vasto da ascensão da China à arquitetura dos assuntos mundiais mostra que os principais esforços se centram na incorporação da China no sistema institucional mundial. A China calcula que, uma vez que os problemas económicos e ambientais globais não podem ser resolvidos sem a sua participação, a única forma de tornar as instituições existentes funcionais é torná-las mais representativas. Esta situação pode ser vista como uma espécie de *compromisso entre o liberalismo e a eficácia das instituições internacionais*. Na arena global, quanto mais dominadas pelo Ocidente forem as instituições, maior será a probabilidade de manterem uma tendência liberal, mas menos representativas e, provavelmente, menos funcionais. Os

---

114 Elizabeth C. Economy (2017): História com Características Chinesas. Como o passado iminente da China molda o seu presente. Foriegn Affairs. julho/agosto de 2017. P.142

115 Prof. James Petras (7.3.2012): China: Ascensão, Queda e Reemergência como Potência Global

diferentes fundamentos culturais dificultarão a aproximação entre a China e os EUA, devido ao facto de a China não ter subscrito as normas liberais dos países que criaram as instituições existentes no mundo. [116]Esta resistência resulta não só da própria natureza iliberal da China, mas também da sua visão do mundo claramente não intervencionista, que apoia a sua agenda de reivindicações relativamente a Taiwan. Consequentemente, dificulta a cooperação entre a China e os EUA em muitos domínios e regiões, incluindo "pontos quentes" como o Iraque e a Síria. Outra questão representa a *estratégia chinesa de diversificação da carteira de investimentos*, através da qual Pequim alarga as suas opções institucionais e apoia ativamente estruturas paralelas, como os BRICS ou o Banco Asiático de Investimento em Infra-estruturas, destinadas a substituir o domínio mundial dos EUA. Este facto é acompanhado pela crescente auto-afirmação da China, que se manifesta no modo de comportamento de "superpotência" na região, como foi demonstrado pela recusa da China em aceitar a decisão do Tribunal Permanente de Arbitragem relativamente às suas reivindicações territoriais no Mar do Sul da China. Este tipo de abordagem tem vindo a assinalar a determinação da China em alterar o status quo na região e a sua *ignorância do direito internacional.* O sério desafio ao sistema liberal ocidental representa a expetativa de Pequim de que o crescimento da China e o seu papel crescente nos assuntos globais reduzirão *a influência das pequenas democracias*, colocando-as à margem da política mundial. Isto refletir-se-ia numa espécie de marginalização dos países vizinhos e dos pequenos países, semelhante à sua posição *de vassalo* no passado.

Existem muitas previsões e prescrições para o futuro modelo de relações sino-chinesas. O que é bastante evidente na dinâmica sino-americana atual é a tendência para a alteração do status quo e a mudança em curso do equilíbrio de poder na Ásia Oriental. Pequim procura suplantar os EUA na região e os EUA, por outro lado, tentam manter a sua influência como potência de equilíbrio. É possível simpatizar com o desejo da China de exercer maior influência na sua envolvente geográfica histórica e compreender os seus sentimentos de uma certa humilhação que a China sofreu ao longo do século, mas é difícil concordar com as tentativas de implantar na região as ideias harmoniosas da China baseadas numa estrutura hierárquica.

A experiência histórica das relações sino-americanas indica que a melhor maneira de avançar nas futuras relações entre estes dois gigantes é o que os EUA já tentaram no período recente - empenhamento em vez de confrontação. Depois de terem sido apresentados os desafios internos e sociais da China e os pontos fortes económicos e culturais dos EUA, os EUA podem manter a sua posição e a China pode obter um maior domínio regional. A realidade é que a estratégia habitual não será provavelmente suficiente para gerir uma China cada vez mais poderosa e iliberal, mas o melhor caminho a seguir seria reconhecer a importância da cooperação entre os EUA e a China, adoptando um maior elemento de reciprocidade nas relações bilaterais, abrindo as portas à adesão da China ao sistema internacional e instando a

116 Michael J. Mazarr (2017): The Once and Future Order. What Comes After Hegemony? Foreign Affairs. janeiro/fevereiro de 2017. P. 35

China a tornar-se um interveniente responsável nos assuntos globais, em vez da tendência de Pequim para "cavalgar livremente" na segurança e estabilidade mundiais proporcionadas pelos EUA na Ásia e no mundo.[117] O interesse pragmático da China, neste contexto, manifestou-se, entre outros, após o 11 de setembro, na "posição de espetador" da projeção americana de poder no mundo muçulmano.

Os ritmos e padrões da história chinesa mostram que a China é capaz de dar um tempo no caminho para atingir as suas expectativas no que diz respeito ao seu papel global e de manter uma "posição de espera" durante um longo período de tempo quando é necessário. Pequim mantém igualmente a sua vontade e capacidade características de se adaptar às mudanças nos alinhamentos de poder sem emitir um juízo moral[117] , o que reflecte a orientação altamente pragmática da China. As observações de Henry Kissinger sobre o espírito de Estado da China no seu livro "On China" colocam esta questão da seguinte forma:

De um modo geral, os estadistas chineses têm tendência para encarar todo o panorama estratégico como parte de um todo único - o bem e o mal, o próximo e o distante, a força e a fraqueza, o passado e o futuro - todos inter-relacionados. Em contraste com a abordagem ocidental de tratar a história como um processo em que a modernidade alcança uma série de vitórias absolutas sobre o mal e o atraso, a visão tradicional chinesa da história enfatiza um processo cíclico de decadência e retificação, em que a natureza e o mundo podem ser compreendidos mas não completamente dominados. O melhor que se pode conseguir é crescer em harmonia com eles. A estratégia e a política tornam-se meios de "coexistência combativa" com os adversários. O objetivo é manobrá-los até à fraqueza enquanto se constrói o próprio "shi", ou posição estratégica.[118]

A China está confiante no seu passado cultural excecional e, embora não faça proselitismo nem afirme que as suas instituições "são relevantes para todo o mundo", tende a classificar, pelo menos, os outros Estados da região, como derivados de vários níveis, com base na sua aproximação às formas culturais e políticas chinesas.[119] Neste contexto, a China comporta-se como um hegemon regional com ambições de ser gradualmente um hegemon em maior escala. Na fase atual, da mesma forma que os EUA tentam manifestar o seu destino através do seu papel missionário, sublinhando o excepcionalismo americano, a China está a fazê-lo a nível regional e está a testar caminhos na frente global.

117 H. Kissinger (2011): On China

118 Henry Kissinger (2011): On China. P. 22-23

119 Michiko Kakutani (9 de maio de 2011): Uma visão privilegiada da China, do passado e do futuro
http://www.nytimes.com/2011/05/10/books/on-china-by-henry-kissinger-review.html

Conclusão

São evidentes as diferenças entre os antigos paradigmas de pensamento chineses e ocidentais na forma de lidar com os vizinhos e o mundo exterior. A compreensão dos padrões históricos de interação da China com o mundo exterior constitui uma mais-valia para a perceção do futuro papel da China nos assuntos globais. O estudo baseia-se no pressuposto de que os antigos hábitos mentais e de governação estão tão profundamente enraizados na mente dos chineses que ainda hoje moldam as suas opiniões políticas.

O documento introduziu os quadros filosóficos relevantes que constituíram as visões básicas do mundo oriental e ocidental e os principais conceitos através dos quais ambas as culturas encararam o mundo exterior. Conceitos divergentes de percepções de pólos opostos, diferente enfoque nas circunstâncias versus oponentes, gestão de situações versus soluções de conflitos, diferente aplicação da regra de ouro e os conceitos de harmonia e hierarquia subscreveram diferentes abordagens de ambas as culturas ao lidarem com questões internacionais. O Oriente centrou-se mais na manutenção de relações harmoniosas e na gestão de situações, tentando evitar a eclosão de conflitos, enquanto o Ocidente procurou soluções eficazes para os conflitos iminentes. O ideal chinês de uma ordem internacional harmoniosa baseava-se num sistema hierárquico com a China no topo e na assimilação dos adversários e inimigos através do domínio cultural. O conceito ocidental baseava-se em soluções de conflito, garantindo a paz através da vitória nos conflitos e da aniquilação dos inimigos, ao passo que, após o Tratado de Vestefália, começou a prevalecer o modelo de respeito pela integridade territorial e pela soberania. Existem semelhanças e diferenças nas mentes antigas de ambas as culturas no que respeita à sua abordagem ao mundo exterior. O estudo traz assim, como exemplos, a comparação dos conceitos de realpolitik do chinês Han Fei e do italiano Niccolo Machiavelli, bem como das estratégias de guerra do chinês Sun Tzu e do general prussiano Clausewitz. [st]O documento analisa a relevância do antigo conceito oriental de harmonia no século XXI e conclui claramente que a ideia de um sistema hierárquico harmónico não tem aplicabilidade nos tempos modernos. O que é aplicável entre a herança oriental no contexto do domínio internacional no século XXI é a inclinação da mente oriental para perceber os problemas num contexto alargado, a atitude de moderação, a paciência com o tempo e a forte concentração na gestão de situações destinadas a evitar a eclosão de conflitos. Isto vai ao encontro dos conceitos ocidentais modernos de diplomacia preventiva e de gestão pós-conflito. Na projeção da futura liderança global, o estudo centra-se nas relações sino-americanas como um fator-chave na formação da liderança global, bem como nas manifestações de hábitos de pensamento chineses incorporados na trajetória de crescimento da China. O artigo salienta que as inclinações do pensamento antigo chinês estão presentes entre os intelectuais e os líderes chineses e que há tentativas de idealizar o passado da China para aumentar a sua auto-afirmação como hegemonia com características únicas e com o objetivo de a fazer regressar à posição dominante, pelo menos na região. Num contexto mais alargado, o estudo conclui que a relação sino-americana é uma questão complexa, através da qual se pode ver não só a política de poder, mas também a "batalha" pela orientação futura do sistema mundial de valores.

Epílogo

Os seres humanos possuem livre arbítrio e escolhas na tomada de decisões. Conscientes deste forte instrumento na construção das suas vidas, os seres humanos criam a história de indivíduos, grupos, nações e culturas. Por outro lado, este processo também tem um feedback sobre os próprios seres humanos, que se tornam produto do ambiente cultural e desenvolvem padrões de pensamento que foram criados em tempos antigos e enraizados nas mentes humanas ao longo dos tempos.

A espiral de evolução na Ásia Oriental e no Ocidente foi muito diferente. Começou com o fim da Idade do Gelo, que coincide com um período importante da evolução humana, entre outros com a formação das culturas ocidental e chinesa. As diferentes condições naturais começaram a formar diferentes modos de relacionamento com a natureza, a família, a comunidade e diferentes padrões de comportamento e de vida nessas regiões relevantes. Aproximadamente cinco séculos a.C. já existiam incubadoras de pensamento que estavam a formar os padrões de pensamento das civilizações grega e chinesa, precursoras das culturas ocidental e asiática oriental. Foi nessa altura que se criaram os primeiros quadros filosóficos da relação homem-natureza e homem-homem e que as preferências de perceção começaram a formar as principais orientações mentais e abordagens conceptuais. A forma de colocar questões reflectia as diferenças nas visões do mundo, bem como as diferentes inclinações de pensamento de ambas as regiões remotas. O complexo de diversos factores em ambos os lados do mundo resultou em paradigmas de pensamento divergentes que gradualmente geraram diferentes "produtos" do comportamento humano, diferentes modelos de governação, construção social, actividades económicas, relações com o mundo exterior e diferentes abordagens para a resolução de problemas. A cultura ocidental criou *o Homo-Spiritus-Religioso* com raízes ontológicas que se manifestaram em instituições religiosas e na mentalidade individualista que se reflectiu em aspectos de rebelião da evolução social. O produto da cultura do Leste Asiático foi o *Homo-Ethicus-Politicus,* uma mente e um comportamento humanos centrados nos problemas existentes no mundo, sem esforços para procurar uma dimensão para além da vida material, preferindo um modo harmonioso de coexistência com a natureza e entre as pessoas, o que resultou numa identidade relacionada com a comunidade e em modelos de organização social estáveis.

Os hábitos de pensamento antigos e a orientação mental são características indispensáveis dos nossos fundamentos culturais, mesmo nos tempos modernos. O nível de enraizamento dos hábitos no pensamento humano difere de país para país, mas numerosos casos provaram a existência de diferenças gritantes nas percepções humanas dos desafios actuais e nas diferentes abordagens às suas soluções.

A utilidade do estudo da herança dos modos de pensamento antigos e das suas manifestações em múltiplos aspectos sociais, políticos e económicos nas sociedades modernas contribui para a compreensão das mentes actuais do Ocidente e da Ásia Oriental, o que é especificamente relevante no que diz respeito à ascensão da China e ao crescente peso económico da Ásia Oriental nos assuntos globais. O estudo das ligações entre os actuais hábitos de pensamento do Ocidente e da

As culturas da Ásia Oriental do passado antigo e as suas numerosas manifestações nos padrões organizacionais da vida política, económica e social do mundo atual proporcionam uma compreensão mais profunda dos imperativos da coexistência multicultural global. Ajuda a encontrar respostas para uma série de questões: por que razão somos tão diferentes culturalmente, quais são as principais diferenças entre as nossas culturas e como podemos ultrapassar essas diferenças em prol da cooperação em desafios globais comuns cujas soluções ultrapassam a capacidade de um país, de uma nação ou de uma cultura.

E isto é suficiente para justificar o estudo do tema deste livro.

Bibliografia:

Parte I

1. G.E.R. Lloyd: Disciplines in the making (Disciplinas em construção). Oxford University Press 2009.

2. G.E.R. Lloyd: The Ambitions of Curiosity, Understanding the World in Ancient Greece and China. Cambridge University Press, 2002.

3. G.E.R. Lloyd: Polaridade e Analogia. Bristol Classical Press, 1992.

4. David Harvey: Justice, Nature and the Geography of Difference (Justiça, Natureza e Geografia da Diferença). Blackwell Publishing 1996.

5. WM. Theodore De Bary: Asian Values and Human Rights. Harvard University Press, 1998.

6. René Guénon: Oriente e Ocidente. Sophia Perennis, 2001.

7. WM. Theodore Bary e Tu Wei Ming: Confucianism and Human Rights. Columbia University Press, 1997.

8. Wayne Christuado, Heung Wah Wong, Sun Youzhong: Order and Revolt, Publicações Bridge21, 2014.

9. Joseph Chan: Confucian Perfectionism. Princeton University Press, 2014

10. Jeffrey L. Richey: Teaching Confucianism, Oxford University Press, 2008.

11. Richard E. Nisbett: The Geography of Thought, Nicholas Brealey Publishing, 2005.

12. Zhihe Wang: Processo e Pluralismo, Pensamento Chinês sobre a Harmonia e a Diversidade.

13. Yijie Tang: Confucionismo, budismo, taoísmo, cristianismo e cultura chinesa. Foreign Language Teaching and Research Publishing Co, 2015.

14. Y.J.Choi: Oriente e Ocidente: Homem versus Espírito. Copyright 2015 de Y.J.Choi, ISBN: 1512132624,

15. Y.J.Choi: Oriente e Ocidente: Confucionismo e Cristianismo. Copyright 2015 de Y.J.Choi, ISBN: 1512323039.

16. Tai P. Ng, Ph.D: Cultura chinesa, cultura ocidental. Copyright 2015 por Tai P.

Ng, ISBN: 13: 978-0-595-42547-1 (pbk).

17. Prof. Seoil Chaiy: Doing Business with Koreans. Publicado por Okdang Books, 2012.

18. Shaomin Li: "Cheques juntos ou separados?". Publicado pela Fundação Centro para a China Moderna em 2015.

19. Karl Jaspers: The Origin and Goal of History, New Haven, Yale, University Press 1953, p. 7

20. Samuel P. Hungtington: "Clash of civilizations?", em "Foriegn Affairs", verão de 1993

21. Samuel P. Hungtington: The Clash of Civilization and the Remaking of World Order, Nova Iorque, 1996

22. Bertrand Russel: "Chinese and Western Civilization Contrasted", em "The Problem of China", Londres, 1922

Part II

1. Ackerly, Brooke A. (2005): Is Liberalism the Only Way Toward Democracy? *Teoria Política 33*

2. Amsden, Alice H. (1985): "The State and Taiwan's Economic Development^ in *Bringing the State Back In*, editado por Peter B.Evans, Dietrich Rueschemeyer e Theda Skocpol. Cambridge. Cambridge University Press

3. Badie, Bertrand e Pierre Birnbaum (1983): The Sociology of the State. Chicago. University of Chicago Press. ISBN-13: 978-0226035499

4. Chu, Yun-han, Larry Diamond, Andrew J. Nathan, Doh Chull Shin (2008): How East Asians View Democracy. Nova Iorque. Columbia University Press. ISBN: 978-0-231-14535-0 (pbk.)

5. Bell, Daniel (1990): American Exceptionalism Revisited: The Role of a Civil Society. *Diálogo 1*

6. Bell, Daniel A. (2006): Beyond Liberal Democracy: Political Thinking for an East Asian Context. Princeton University Press. Ver também: *Contemporary Southeast Asia* © 2006 ISEAS - Instituto Yusof Ishak.

https://www.jstor.org/journal/contsoutasia. ISSN: 0129797X

7. Benedict, Ruth (1967-reprint): Chrysanthemum and the Sward: Patterns of Japanese Culture. Cleveland: Meridian Books. ISBN: 0-395-50075-3

8. Berger, Peter L. e Hsin-Huang Michael Hsiao (1988): In Search of an East Asian Development Model. New Brunswick, N.J.: Transaction Books. ISBN-10: 0887-389-865

9. Billioud, Sebastien e Joel Thoraval (2015): The Sage and the People: The Confucian Revival in China. Oxford University Press. ISBN: 978-6-19-025814-6 (pbk.)

10. Bunger Karl (1987): "Observações finais sobre dois aspectos do Estado unitário chinês em comparação com o sistema estatal europeu". In Schramm. *Foundations and Limits of State Power in China.*

11. Collins, Michael (2008):China's Confucius and Western Democracy, *Contemporary Review* 4

12. De Bary, Wm. Theodore (1996): The Trouble with Confucianism. Harvard Universtiy Press. ISBN 9780674910164 (brochura)

13. Dewey, John (1954, reimpresso em 1988): Public and its Problems. P. 84. Swallow Press Books. Publicado por Ohio University Press. ISBN: 0-8040-0054-1

14. Doh Chull Shin (2012): Confucianism and Democratization in East Asia [Confucionismo e Democratização na Ásia Oriental]. Cambridge University Press. ISBN: 978-1-107-63178-6 Brochura

15. Dryzek, John S. (2000): Deliberative Democracy and Beyond: Liberals, Critics, and Contestations. Oxford University Press. ISBN: 0-19-925043-X (Pbk.)

16. Eisenstad, S.N. t (1968): The Protestant Ethic and Modernization (A Ética Protestante e a Modernização). Coleção de artigos editada por S.N. Eisenstadt. New York. Basic Books.

17. Fox, Arben Russel (1997): Respostas Confucionistas e Comunitárias a

Democracia liberal. *Revista de Política 59*

18. Freedom House (2017): Freedom in the World. https://freedomhouse.org/report/freedom-world/

19. Fukuyama, Francis (1989): "The End of the History?" Jornal *The National Interest.* https://ps321 .commumty.uaf.edu/files/2012/10/Fukuyama-End-of-history-article.pdf

20. Fukuyama, Francis (1992): O Fim da História e o último Homem. Free Press 2006. ISBN-13: 978-0-7432-8455-4 (Pbk.)

21. Fukuyama, Franics (1995): Confucianism and Democracy. *Jornal da Democracia 6*

22. Gold, Thomas (1986): State and Society in the Taiwan Miracle. Nova Iorque. M.E.Sharpe. ISBN: 0-87332-399-8

23. Guttman, Amy e Dennis Thompson (1996): Democracy and Disagreement: Why Moral Conflict Cannot Be Avoided in Politics, and What Should Be Done about it. Harvard College. Impresso nos EUA. Biblioteca do Congresso, catalogação nos dados de publicação. Impresso nos EUA: ISBN: 0-674-19766-6

24. Hao, Paul W. (1996): The Transformation of the KMTs Idelogy. P.1. *Questões e Estudos*. Departamento de Ciência Política. Universidade da Colúmbia Britânica, Vancouver, Colúmbia Britânica. http://iiro.nccu.edu.tw/attachments/journal/add/4/v32- 2-1.pdf

25. Haggard, Stephan (1990): Pathways from the Periphery: The Politics of Growth in the Newly Industrializing Countries. ISBN-13: 978-0801497506

26. He, Baogang ((2010): Four Models of the Relationship between Confucianism and Democracy" ("Quatro Modelos da Relação entre Confucionismo e Democracia"). *Jornal de Filosofia Chinesa 37:18-33*

27. Herr, Ranjoo Seodu (2010): Confucian Democracy and Equality. *Filosofia asiática 20*

28. Huntington, Samuel P. (1993): The Clash of Civilizations: The Next Pattern of

Conflict" [O próximo padrão de conflito]. *Journal Foreign Affairs*. https://www.foreignaffairs.com/articles/united- states/1993-06-01/clash-civilizations

29. Huntington, Samuel P. (1996): The Clash of Civilizations and the Remaking of World Order. Um livro da Touchstone. ISBN: 0-684-84444-9 (pbk.)

30. Huntington, Samuel P. (1993): The Third Wave: Democratization in the Late Twentieth Century. University of Oklahoma Press. ISBN: 0-8061-2516-0

31. Kim, Dae Jung (1944): Is Culture Destiny? The Myth of Asia's Antidemocratic Values" [O Mito dos Valores Antidemocráticos da Ásia]. *Negócios Estrangeiros* 73

32. Kim, Songmoon (2014): Democracia confucionista na Ásia Oriental: Theory and Practice. Cambridge University Press. ISBN: 978-1-107-64121-1 Brochura.

33. Kim,Yung Myung (1997):Asian Style Democracy:A Critique from East Asia.*Asian Survey 37*

34. King, Ambrose Y.C. (1996): Confucionismo de Estado e sua transformação: A Reestruturação das Relações Estado-Sociedade em Taiwan. Em Confucian Traditions in East Asia and Modernity. Coleção de ensaios editada por Tu Wei-ming. ISBN: 0-67416087-8 (papel: papel alk.)

35. Lee, Chung Min: Fault Lines in a Rising Asia" [Linhas de falha numa Ásia em ascensão]. Carnegie Endowment For International Peace. Publicado por Brooklins Institution Press. ISBN: 97-808-70033117 (pbk)

36. Lee, John Mingsien (1975): Political Change in Taiwan, 1949-1974: A Study of the Processes of Democratic and Integrative Change with Focus on the Role of Government. Dissertação de doutoramento, Universidade do Tenessee.

37. Lee Kuan Yew (2015): O falecido líder de Singapura Lee Kuan Yew tinha opiniões sobre tudo. Tempo. http://time.com/3748654/singapore-lee-kuan-yews-opinions/

38. Lee Teng-hui (2006): Confucian democracy, Modernization, Culture, and the State in East Asia". Harward International Review 23

39. Linz, Juan e Alfred Stepan (1996): Problemas de transição e consolidação democrática: Southern Europe, South Ameerica, and Post-Communist Europe. Baltimore. John Hopkins University Press. ISBN: 0-8018-5138-0 (pbk.)

40. Lloyd, G.E.R (2009): Disciplines in the making. Oxford University Press. ISBN-13: 978-0199567874

41. Lloyd, G.E.R (2002): The Ambitions of Curiosity. Understanding the World in Ancient Greece and China. Cambridge University Press. ISBN-13: 978-0521815420

42. Lloyd, G.E.R (1992): Polaridade e Analogia. Dois tipos de argumentação no pensamento grego primitivo. Bristol Classical Press. ISBN-10: 0872201406

43. Lo Fang-chi (1988): On the four Mini-Dragons. Hong Kong: Wide Angle Press.

44. Metzger, Thomas A. (1977): Escape from Predicament. Nova Iorque. Columbia University Press. ISBN-13: 978-0231039796

45. Nuyen, A.T: (2000): O Confucionismo, a Ideia de Min-Pen e a Democracia.

Jornal de Estudos Asiáticos de Copenhaga 14

46. Dados da OCDE sobre as taxas de suicídio (2015): https://data.oecd.org/healthstat/suicide- rates.htmPark, Chong-Min e Doh Chull Shin (2006): Do Asian Values Deter Popular Support for Democracy in South Korea? *Asian Survey 46*

47. Parsons, Talcott (1960): Structure and Process in Modern Societies. Nova Iorque. Free Press.

48. Pye, Lucian W. (1985): Asian Power and Politics. Belknap Press of Harvard University Press. Cambridge. ISBN: 0-674-04979-9 (papel)

49. Reid, T.R. (1999): Confúcio mora na porta ao lado. Publicado por Vintage Books.

Vintage ISBN: 0-679-77760-1

50. Reischauer, Edwin O. (1974): Japan: the story of a nation (Japão: a história de uma nação). Publicado por Knopf. ISBN: 13: 978-0394495101 (brochura)

51. Rozman, Gilbert (1991): A região da Ásia Oriental: Confucian Heritage and it Modern Adaptation. Princeton University Press. ISBN: 0-691-05597-1

52. Schwartz, Benjamin J. (1987): "A primazia da ordem política nas sociedades do Leste Asiático: Some Preliminary Generalization" in *Foundation and Limits of State Power in China*. Editado por Stuart R. Schram, Hong Kong, Chinese University Press

53. Swidler, Ann (1986): Culture in Action: Symbols and Strategies. *American Sociological Review, 51, No. 2, pp. 273-286*

54. Taylor, Rodney L. (1944): The Religious Dimensions of Confucianism [As Dimensões Religiosas do Confucionismo]. Publicado pela State University of New York Press. Albany. ISBN: 0-7914-0312-2 (pbk.)

55. Tilly, Charles (1996): Citizenship, Identity, and Social History. Cambridge University Press. ISBN: 0-521-55814 X (pbk.)

56. Tu Weiming (1996): Epílogo em Tradições Confucionistas na Modernidade do Leste Asiático: Moral Education and Economic Culture in Japan and the Four MiniDragons. Cambridge. Harvard University Press. ISBN-13: 978-0674160873

57. Tu Weiming (2000): Implications of the Rise of Confucian East Asia" (Implicações da Ascensão da Ásia Oriental Confucionista).

Dédalo 129: 195-218 Ver também:

http://isites.harvard.edu/fs/docs/icb.topic667632.files/TuMultMod.pdf

58. Yao, Xinzhong (1999): Confucionismo e seus valores modernos: Confucian Moral, Educational and Spiritual Heritages Revisited. *Journal of Beliefs and Values: Estudos em Religião e Educação 2013*: 300-340.

http://www.tandfonline.com/doi/abs/10.1080/1361767990200103

Part III

1. Relatório do Banco Mundial elaborado por Chen, Shaohua e Martin Ravallion: "The Developing World Is Poorer Than We Thought but No Less Successful in the Fight against Poverty" (O mundo em desenvolvimento é mais pobre do que pensámos, mas não menos bem sucedido na luta contra a pobreza), 2008.

2. Macro Orrù, Nicole Woolsey Biggart, Gary G. Hamilton: The Economic Organization of East Asian Capitalism. SAGB Publications, 1997. ISBN: 0-7619 0479-4 (alk. Paper)

3. Dr. Richard Nisbett, New York Times, agosto de 2000.

4. Tai P. Ng, Ph.D: Cultura chinesa, cultura ocidental: Porque é que temos de aprender uns com os outros? Publicado por iUniverse, Inc. 2007. ISBN-13: 978-0-595-42547-1 (pbk)

5. Daniel A. Bell, Hahm Chaibong: Confucianism for the modern world. Publicado pela Cambridge University Press, 2003. ISBN: 978-0-521-52788-0 Brochura.

6. Milan Lajciak: East and West: Different Geography of Thinking and Implications on Atual Problems of Today's World, Moldavian Journal of International Law and International Relations No. 3 (Vol. 11), 2016.

7. Michael L. Gerlach: Alliance Capitalism: The Social Organization of Japanese Business, University of California Press, 1992. ISBN 0-520-07688-5 (alk. Paper), ISBN 0-520-08607 (pbk.: alk. paper)

8. Y.J.Choi: Oriente e Ocidente: Man vs Spirit, página 114. Feito nos EUA, Lexington, KY, 26 de outubro de 2015. ISBN: 1512132624. ISBN 13: 9781512132625

9. K. KATO: Os quatro maiores chaebol geram 90% dos lucros dos conglomerados sul-coreanos, Nikkei Asian Review, 10 de abril de 2014

10. Paul Krugman: Why Adam Smith Would Love Asia. Time (Asia Edition), 23 a 30 de agosto de 1999.

11. Ron Chernow: Alexander Hamilton. Publicado pela Penguin Books. Nova Iorque, 2004. ISBN: 1-59420-009-2

12. Daniel Tudor: Coreia - O País Impossível. Tuttle Publishing, 2012. Página 172. ISBN: 978-0-8048-4252-5

13. Michael Schuman: The Miracle: The Epic Story of Asia's Quest for Wealth [O Milagre: A História Épica da Busca da Riqueza na Ásia]. Publicado por HarperCollins Publisher, 2009. ISBN: 978-0-06-134669-9

14. Henry Y. Wan, Jr.: Economic Development in a Globalized Environment: East Asian Evidences. Springer Science + Business Media, Inc., 2004. ISBN: 0-38724205-8

15. Max Weber: A Teoria da Organização Social e Económica Paperback, 13 de março de 2012. Copyright 1947. The Free Press, Nova Iorque. ISBN: 0-684-83640-8

16. Max Weber: The Protestant Ethic and the Spirit of Capitalism (Routledge Classics) (Volume 91) 2nd Edition. Publicado por Routledge 1992. ISBN: 978-0-41525406-9 (pbk)

17. Gordon Tullock e James Buchanan: The Calculus of Consent (Logical Foundations of Constitutional Democracy). Publicado pelo Liberty Fund, 1962.

18. Shaomin Li: Managing International Business in Relation-Based versus RuleBased Countries (Gestão de negócios internacionais em países baseados em relações e em regras). Publicado por Business Expert press, 2009. ISBN-13: 978-1-60649084-6 (pbk)

19. Shaomin Li: "Juntos em Cheques Separados?": Porque é que o Oriente e o Ocidente conduzem os negócios de formas diferentes. Publicado pela Fundação Centro para a China Moderna, 2015. ISBN-13: 978-1511951333

20. Graham Allison e Robert D. Blackwill: Lee Kuan Yew: The Grand Master's Insights on China, the United States, and the World [As Ideias do Grande Mestre sobre a China, os Estados Unidos e o Mundo]. Publicado por The MIT Press, 2013. ISBN: 978-0-262-01912-5.

21. Tu Wei Ming: Confucian Traditions in East Asian Modernity (Moral Education and Economic culture in Japan and four Mini-Dragons). Publicado pela Harvard University Press, 1997. ISBN: 0-674-16087-8.

22. Tu Wei Ming, Milan Hejtmanek, Alan Wachman: O mundo confucionista observado: A Contemporary Discussion of Confucian Humanism in East Asia. Publicado pela University of Hawai Press, 1994

23. Tu Wei-ming: The Rise of Industrial East Asia: O papel dos valores confucionistas. Copenhagen Journal of Asian Studies, 1989, volume 4, páginas 81 - 97. ISSN (impresso): 1395-4199, ISSN (em linha): 2246-2163

24. Robert Cumming Neville: Boston Confucianism. Publicado pela State University New York Press, 2000. ISBN: 0-7914-4717-0 (al. papel)

Parte IV

1. Tan Chee-Beng, Colin Storey, Julia Zimmerman (2007): Chinese Overseas: Migration, Research and Documentation. Imprensa da Universidade Chinesa. Impresso em Hong Kong. ISBN: 978-962-328-6.

2. Michael L. Gerlach (1992): Alliance Capitalism: The Social Organization of Japanese Business. University of California Press. ISBN 0-520-07688-5 (alk. Paper), ISBN 0-520-08607 (pbk.: alk. paper)

3. Tu Wei-Ming (1997): Confucian Traditions in East Asian Modernity". Publicado pela Academia Americana de Artes e Ciências. ISBN: 0-674-16087-8 (papel: papel alk.)

4. Shaomin Li (2009): Managing International Business in Relation-Based versus Rule-Based Countries. Publicado pela Business Expert press. ISBN-13: 978-1-60649084-6 (pbk)

5. Daniel A. Bell, Hahm Chaibong (2003): Confucianism for the modern world. Publicado pela Cambridge University Press. ISBN: 978-0-521-52788-0 (Brochura).

6. Macro Orrù, Nicole Woolsey Biggart, Gary G. Hamilton (1997): The Economic Organization of East Asian Capitalism. Página 116. Publicações SAGB. ISBN: 0-7619-0479-4(alk.Paper),ISBN:0-7619-0480-8(pbk:Alk.Paper)

7. Daniel A. Bell, Hahm Chaibong (2003): Confucianismo para o mundo moderno. Publicado pela Cambridge University Press. ISBN: 978-0-521-52788-0 Brochura.

8. KOICHI KATO (2014): Top four chaebol generate 90% of South Korean conglomerateprofits,NikkeiAsianReview,April10,2014.

9. Y.J. Choi (2015): Oriente e Ocidente: Man versus Spirit. Direitos de autor de Y.J.Choi, ISBN:1512132624.

10.Y.J.Choi(2015):EastandWest:ConfucianismandChristianity.Copyrightby Y.J.Choi,ISBN:1512323039.

11. Y.J. Choi (2016): East and West: Rise of East Asia and Fundamentals of InternationalRelations.PublishedbyCharleston.SC.ISBN:15519562942

12. Henry Y. Wan, Jr. (2004): Economic Development in a Globalized Environment:EastAsianEvidences.SpringerScience+BusinessMedia,Inc.ISBN: 0-387-24205-8

13. Max Weber (2012): A teoria da organização social e económica Brochura,Copyright1947.TheFreePress,NewYork.ISBN:0-684-83640-8

14. Max Weber (1992): The Protestant Ethic and the Spirit of Capitalism (RoutledgeClassics)(Volume91)2ªEdição.PublicadopelaRoutledge.ISBN:978- 0-415-25406-9(pbk)

15.GrahamAllisoneRobertD.Blackwill(2013):LeeKuanYew:TheGrand Master's Insights on China, the United States, and the World. Publicado por The MIT Press.ISBN:978-0-262-01912-5.

16.G.E.R.Lloyd(2002):TheAmbitionsofCuriosity,UnderstandingtheWorldin Ancient Greece and China. Páginas 133-135. Cambridge University Press. ISBN: 0- 591-89461-1 (brochura)

Parte V

1. CNN Money (2011), Fortune Global 500. http://1-million-dollar-blog.com/2011-fortune-global-500-worlds-largest-companies/

2. DanielTudor(2012):*Korea: The Impossible Country*.TuttlePublishing.ISBN:978-0-8048-4253-5.

3. FORTUNE 500 (2016): *http://beta.fortune.com/global500/list.*

4. Henry Wai-Chung Yeong (2010): *Strategic Coupling: East Asian Industrial Transformation in the New Global Economy*.CornellUniversityPress.ISBN:978-1-5017-0256-3(pbk.:alkpaper).

5. Jong Woo Han (2014): *Power, Place, and State-Society Relations in Korea.* Publicado pela LexingtonBooks.ISBN:978-1-4422-4780-2(pbk.:alk.paper).

6. K. Kato (2014): Top four chaebol generate 90% of South Korean conglomerate profits,*Nikkei Asian Review,*April10,2014.

7. KoichiKato(2014):Topfourchaebolgenerate90%ofSouthKoreanconglomerate profits,*Nikkei Asian Review*,April10,2014.

8. Kusan Sumin (1983): *O Caminho do Zen Coreano.* Publicado por John Weatherhill, Inc. ISBN: 0-8348-0201-5.

9. Martin Hemmert (2012): *Tiger Management: Empresas coreanas nos mercados mundiais*. Publicado por Routhledge. ISBN: 978-0-415-53720-9 (pbk).

10. Macro Orrù, Nicole Woosley Biggart, Gary G. Hamilton (1997): *The Economic Organization of East Asian Capitalism.* Publicações SAGB. ISBN: 07619-0479-4 (alk. Paper).

11. Michael L. Gerlach: *Alliance Capitalism (1992): The Social Organization of Japanese Business,* University of California Press. ISBN 0-520-07688-5 (alk. Paper), ISBN 0-520-08607 (pbk.: alk. paper).

12. Percival Lowell (1886): *The Land of The Morning Calm*, A Sketch of Korea. Publicado por Boston, Ticknor and Company.

13. Richard E. Nisbett (2005): *A Geografia do Pensamento*, Nicholas Brealey Publishing. ISBN: 1-85788-353-5.

14. Seoul Chairy (2012): *Doing Business with Koreans*. Publicado por Okdang Books, Inc. ISBN: 978-89-93952-42-1.

15. Seok-Choon Lee (2013): *O caminho do desenvolvimento económico coreano: Tradição confucionista, Rede afectiva.* Publicado por Palgrave MacMillan. ISBN: 978-1-13735972-8.

16. Shaomin Li (2015): *"Cheques Juntos ou Separados?"* Publicado pela Fundação Centro para a China Moderna. ISBN-13: 978-1511951333.

17. Shaomin Li (2009): *Managing International Business in Relation-Based versus Rule-Based Countries.* Publicado por Business Expert press. ISBN-13: 978-1-60649084-6 (pbk).

18. Tai P. NG, Ph.D (2015): *Cultura Chinesa, Cultura Ocidental*. Direitos de autor de Tai P. Ng, ISBN: 13: 978-0-595-42547-1 (pbk).

19. Tu Wei-ming (1997): *Confucian Traditions in East Asian Modernity*. Harvard University Press. ISBN: 0-674-16087-8 ((papel: papel alk.).

20. TU Wei-ming (1997): *Confucian Traditions in East Asian Modernity [Tradições confucionistas na modernidade da Ásia Oriental]*. Impresso nos EUA, Library of Congress Cataloging-in-Publication Data. ISBN: 0-67416087-8 (alk. paper).

21. William Elliot Griffis (1894): *Corea, a Nação Eremita*. Publicado por New York: Scribner's Sons.

22. WM. Theodore De Bary (2001): *Sources of East Asian Tradition.* Publicado pela Columbia University Press. ISBN: 978-0-231-14304-2 (vol.1 pano: papel alk.). ISBN: 978-0-231-14322-6 (vol.2 pano: papel alk.).

23. Relatório do Banco Mundial por Chen, Shaohua, e Martin Ravallion (2008): *"The Developing World Is Poorer Than We Thought but No Less Successful in the Fight against Poverty" [O mundo em desenvolvimento é mais pobre do que pensávamos, mas não menos bem sucedido na luta contra a pobreza].*

24. Y. J. Choi (2015): *Oriente e Ocidente: Man versus Spirit.* Direitos de autor de Y.J.Choi, ISBN: 1512132624.

25. Y. J. Choi (2016): *East and West: Rise of East Asia and Fundamentals of International Relations.* Publicado por Charleston. SC. ISBN: 15519562942.

26. Zhi He Wang (2012): *Processo e Pluralismo, Pensamento Chinês sobre a Harmonia e a Diversidade.* Transaction Books, Universidade de Rutgers. ISBN: 978-386638150-4.

Parte VI

1. Y.J. Choi (2015): East and West: Rise of East Asia and Fundamentals of International Relations. Feito nos EUA, Charleston, 03 de maio de 2016. ISBN 13: 9781519562944

2. Jared Diamond (1999): Guns, Germs, and Steel. The fates of Human Societies. W.W. Nortono and Co. ISBN-13: 978-0393317558

3. Dao De Jing (2015): Uma Tradução Filosófica por Roger Ames (Autor), David Hall (Autor) de Lao Zi (Autor). O Grupo Editorial Random House. ISBN: 0345-44419-1

4. Henry Kissinger (2011): On China. Penguin books. ISBN-13: 978-0143121312

5. Martin Jacques (2012): Quando a China governar o mundo: O fim do mundo ocidental e o nascimento de uma nova ordem mundial. Penguin Books. ISBN-13: 978-0143118008

6. James Kynge (2007): Chine shakes the World: A Titan's Rise and Troubled Future and the Challenge for America". Primeira edição da Mariner Books. ISBN-13: 978-0-61870564-1.

7. Elizabeth C. Economy (2017): História com características chinesas: Como o passado imaginado da China molda o seu presente. Foreign Affairs Volume 96, Número 4 (julho/agosto de 2017). 141-148

8. Zhang Feng (2010): O Sistema Tianxia: A Ordem Mundial na Utopia Chinesa. China Heritage Quarterly (21.3.2010).

9. John Pomfret (2016): The Beautiful Country the Middle Kingdom. Henry Holt and Co. ISBN: 9780805092509

10. Howard W. French (2017): Everything Under the Heaven: How the Past Help Shape China's Push for Global Power [Tudo sob o Céu: Como o Passado Ajuda a

Moldar o Impulso da China para o Poder Global]. Publicado por Alfred A. Knopp. ISBN: 9780385353328

11. Michael J. Mazarr (2017): The Once and Future Order. What Comes After Hegemony? Foreign Affairs. janeiro/fevereiro de 2017. P. 25-40.

12. Hu Jintao (2006): Making an Effort to Build a Sustainable, Peaceful, and United Prosperous Harmonious World, Discurso na Celebração dos 60 Anos das Nações Unidas. *Renmin Ribao* [Diário do Povo], 16 de setembro de 2006

13. Chris Buckley (2010): Oficial do PLA da China pede que se desafie o domínio dos EUA. Reuters. 1 de março de 2010

14. William A. Callham (2013): China Dreams. 20 Visions of the Future. Oxford University Press. ISBN-13: 978-0190235239

15. Prof. James Petras (7.3.2012): China: Rise, Fall and Re-Emergence as a Global Power (Ascensão, Queda e Reemergência como Potência Global). Global Research (Centro de Investigação sobre Globalização) http://www.globalresearch.ca/china-rise-fall-and-re-emergence-as-a-global- power/29644

16. Michiko Kakutani (9 de maio de 2011): An Insider Views China, Past and Future http://www.nytimes.com/2011/05/10/books/on-china-by-henry-kissinger-review.html

17. Ando (2008): Clausewitz vs Sun Tzu. Pretérito perfeito https://answersinhistory.wordpress.com/2008/03/13/clausewitz-vs-sun-tzu/

18. Han Fei e Maquiavel Perspetiva Política Não-Moral. Centro de Estudos. Post Time 2012. http://thediplomat.com/2015/01/why-we-should-study-chinas-machiavelli/

19. Franz Stefan Gady (22.1.2015): Porque é que devemos estudar o Maquiavel da China. The Diplomat. http://thediplomat.com/2015/01/why-we-should-study-chinas-machiavelli/

20. Texto integral: Discurso do Novo Partido da China Xi Jinping. http://www.bbc.com/news/world-asia-china-20338586

21. South China Morning Post (2016): A estratégia "Uma Faixa, Uma Estrada" de Xi Jinping está a mostrar o caminho para uma nova ordem mundial. 13 de dezembro de 2016. http://www.scmp.com/comment/insight-opinion/article/2054143/xi-jinpings-one-belt- one-road-strategy-showing-way-new-world

22. Li Keqiang (2014): A China ama a paz, diz o primeiro-ministro, apesar das disputas regionais. Diário do Espaço. 18 de junho de 2014.

http://www.spacedaily.com/reports/China_loves_peace_says_premier_despite_regional_disputes_999.html

23. Discurso de Xi Jinping no Parlamento Federal da Austrália em 17 de novembro de 2014. https://www.youtube.com/watch?v=Qv6ZmGBlxqU

24. Zhao Tingyang sobre Repensar a China. Urdidura, trama e caminho. Filosofia

chinesa e comparada http://warpweftandway.com/zhao-tingyang-on-rethinking-china/

25. Zhang Lihua (2013): China's Traditional Values and Modern Foreign Policy" [Os valores tradicionais da China e a política externa moderna]. Carnegie - Tsinghua. Centro de Política Global. 15.1.2013.

http://carnegietsinghua.org/2013/01/15/china-s-traditional-values-and-modern-foreign-policy-pub-50629

26. Conselho de Estado, "China's Peaceful Development Road", Xinhua (Pequim), 22 de dezembro de 2005; Hu Jintao, "Hold High the Great Banner of Socialism with Chinese Characteristics and Strive for New Victories in Building a Moderately Prosperous Society in All Respects: Report to the Seventeenth National Congress of the Communist Party of China on October 15, 2007," http://www. china.org.cn/english/congress/229611.htm

27. Sun Tzu: A Arte da Guerra. Texto integral. Traduzido por Lionel Giles.

http://classics.mit.edu/Tzu/artwar.html

28. Clausewitz: On War, excertos relacionados com o termo "Center[s] of Gravity".

https://www.clausewitz.com/opencourseware/Clausewitz-COGexcerpts.htm

Contactos

Embaixada da Eslováquia em Seul, Coreia do Sul 389-1, Hannam-dong 140-210 Yongsan-gu

Correio eletrónico: milan.lajciak@gmail.com

Printed by Books on Demand GmbH, Norderstedt / Germany